A CIÊNCIA DE SE
TORNAR RICO

Wallace D. Wattles

A CIÊNCIA DE SE
TORNAR RICO

© Publicado em 2013 pela Editora Isis.
Título original *La Ciencia de Hacerse Rico*

Supervisor geral: Gustavo L. Caballero
Revisão de textos: Vanessa Góngora
Diagramação e capa: Décio Lopes

DADOS DE CATALOGAÇÃO DA PUBLICAÇÃO

Wattles, Wallace D.
A ciência de se tornar rico/Wallace D. Wattles | 1ª edição | São Paulo, SP | Editora Isis, 2013.

ISBN: 978-85-8189-044-9

1. Religião 2. Esoterismo I. Título.

Proibida a reprodução total ou parcial desta obra, de qualquer forma ou por qualquer meio seja eletrônico ou mecânico, inclusive por meio de processos xerográficos, incluindo ainda o uso da internet sem a permissão expressa da Editora Isis, na pessoa de seu editor (Lei nº 9.610, de 19.02.1998).

Direitos exclusivos reservados para Editora Isis

EDITORA ISIS LTDA
www.editoraisis.com.br
contato@editoraisis.com.br

Sumário

Prólogo 7
Capítulo 1 – O direito de ser rico 9
Capítulo 2 – Existe uma ciência para se tornar rico 15
Capítulo 3 – Está monopolizada a oportunidade? 21
Capítulo 4 – O primeiro princípio da ciência de se tornar rico 27
Capítulo 5 – Aumentando a vida 35
Capítulo 6 – Como a riqueza chega até você 43
Capítulo 7 – A gratidão 49
Capítulo 8 – Pensando da maneira certa 55
Capítulo 9 – Como usar a vontade 59
Capítulo 10 – Outros usos da vontade 65
Capítulo 11 – Agir da maneira certa 73
Capítulo 12 – Ação eficiente 79
Capítulo 13 – Encontrar o melhor trabalho 85
Capítulo 14 – A impressão do incremento 89
Capítulo 15 – A pessoa próspera 95
Capítulo 16 – Algumas advertências e observações finais 101
Capítulo 17 – Conclusão 107

Prólogo

Este é um livro pragmático, não filosófico; um manual prático, não um tratado sobre teorias.

Foi concebido para homens e mulheres cuja necessidade mais urgente é o dinheiro; para aqueles que desejam enriquecer primeiro e filosofar depois.

É para aqueles que, até agora, não encontraram nem o tempo, nem o meio e nem tão pouco a oportunidade para se aprofundar no estudo da metafísica, mas que buscam resultados e desejam receber conclusões da ciência, como uma base para a ação, sem precisar entrar em todos os processos por meio dos quais foram alcançadas estas conclusões.

Esperamos que o leitor adote as declarações fundamentais com fé, assim como aceitaria as afirmações a propósito de uma lei de ação elétrica, se fosse promulgada por um Marconi ou um Edson; e adotando as declarações com fé, poderá demonstrar sua verdade atuando sobre elas sem medo nem vacilação.

Cada homem ou mulher que faça isto, sem dúvida, enriquecerá porque a ciência que aplicamos aqui é uma ciência exata e o fracasso é impossível.

Contudo, para aqueles que desejem aprofundar-se em teorias filosóficas e assegurar uma base lógica para ter fé, citarei aqui algumas referências.

A teoria monística do Universo, a teoria de que o Uno é Todo e que o Todo é Uno; que uma Substância manifesta-se a si mesma com a aparência de muitos elementos do mundo material é de origem hindu e ganhou pouco a pouco seu lugar no pensamento do mundo ocidental durante duzentos anos.

É o fundamento de todas as filosofias orientais, assim também as de Descartes, Spinoza, Leibnitz, Schopenhauer, Hegel e de Emerson.

O leitor que desejar se aprofundar nas bases filosóficas da nossa exposição pode ler Hegel e Emerson.

Ao escrever este livro enderecei simplicidade de estilo e concisão às considerações, de modo que todos possam entendê-lo.

O plano de ação utilizado foi deduzido das conclusões da filosofia; foi provado completamente e suportou a prova suprema dos experimentos práticos: funciona.

Se desejarem saber como cheguei às conclusões, leiam os escritos dos autores que mencionei, mas se quiserem colher na prática real os frutos da sua filosofia, leiam este livro e sigam as orientações aqui declinadas.

Capítulo 1

O direito de ser rico

Por mais que se fale da pobreza, a verdade é que não é possível viver uma vida realmente plena sem aquisição da riqueza. A evolução de um indivíduo está intrinsicamente ligada à posse, à obtenção de muito dinheiro.

Mas, você, caro leitor, deve estar indagando: De que modo a riqueza pode estar relacionada ao desenvolvimento físico, mental e espiritual de uma pessoa?

Para que você se reconheça tal qual um indivíduo capaz de desenvolver suas habilidades e talento, se capacitando para a vida, você vai precisar de recursos que somente o dinheiro poderá lhe proporcionar.

O sistema organizacional, que vige na sociedade moderna, composto de métodos e regras, não reconhece outro meio de progresso espiritual, mental e físico do ser humano que não seja por meio da riqueza, pois o homem precisa ter o dinheiro para se converter no possuidor das coisas e angariar respeito dos demais membros da sociedade. Portanto, a base de todo avanço para o homem é a *ciência de se tornar rico*.

O objetivo de qualquer vida é o crescimento, pois tudo que possui vida caminha naturalmente em direção à expansão, àquilo que seja capaz de alcançar.

O direito do homem à vida consiste em sua liberdade de adquirir e fazer uso, sem restrições, de tudo que considerar pertinente ao seu aperfeiçoamento mental, espiritual e físico; em outras palavras, seu direito de ser rico.

Neste livro, o assunto "riqueza" não é abordado de modo figurado: ser realmente rico não significa estar satisfeito ou conforme com apenas um pouco. Nenhum homem deveria estar satisfeito com pouco se possui capacidade de usar ou gozar de mais.

O propósito da Natureza é o avanço, a prosperidade da vida; e toda pessoa deveria possuir tudo aquilo que direta ou indiretamente contribui para o poder, a elegância, a beleza e a riqueza da vida. Sendo assim, se contentar com pouco é no mínimo pecaminoso.

O homem que possui tudo que deseja para viver uma vida plena, da qual seja capaz, é rico. Mas, um homem que não tem muito dinheiro não é capaz de ter tudo o que gostaria.

A vida evoluiu tão significativamente que até mesmo o homem e a mulher mais modestos precisam de riqueza considerável, a fim de viver de um modo que se aproxime da plenitude.

Qualquer pessoa deseja se converter no protótipo de "bem-sucedido". O desejo de expandir possibilidades inatas é próprio da natureza humana. Não se pode querer menos do que se pode ser.

O sucesso na vida depende da conquista daquilo que se deseja ser e nele puder se converter. Somente assim o ser humano terá acesso às coisas unicamente, ou seja, à medida que for suficientemente rico para comprá-las.

Compreender a ciência de se tornar rico é, portanto, o mais essencial de todo conhecimento. Não há nada que impeça um indivíduo de querer se tornar rico.

O desejo de se tornar rico significa usufruir de uma vida mais próspera, abundante – um desejo louvável e justo.

O homem que não deseja viver em abundância pode ser considerado incomum, anormal e aquele que não deseja ter dinheiro suficiente para comprar o que almeja não se encaixa nos padrões de normalidade apregoados pela sociedade.

Há três motivos pelos quais nós vivemos: vivemos para o corpo, vivemos para a mente e vivemos para a alma. Nenhum deles é melhor, nem mais sagrado do que o outro; todos eles são igualmente desejáveis e nenhum dos três: mente, corpo, alma, pode viver totalmente desvinculado um do outro porque eles representam as bases que animam a vida.

Não é correto, nem tão pouco sábio, viver unicamente para a alma e desprezar o corpo ou a mente; também se equivoca aquele que vive somente para o intelecto e desdenha o corpo ou a alma.

Todos nós somos conscientes das desagradáveis consequências de viver para o corpo, negando a alma e a mente; também vemos que a vida real consiste na expressão completa de tudo o que o homem pode dar através do corpo, da mente e da alma.

Um homem não pode se considerar plenamente feliz ou estar satisfeito, se seu corpo não viver realmente cada uma de suas funções, se não possuir alimentação saudável que lhe traga saúde física e mental, permitindo a sua liberdade de expansão.

Uma pessoa não pode viver plenamente seu corpo com o peso de um trabalho excessivo. O descanso e o lazer são necessários ao bem-estar de qualquer ser humano.

O mesmo acontece se sua mente e sua alma não estiverem em constante movimento para buscar conhecimento, conexão com a expressão humanitária, com o universo do sensorial, do bem e do belo.

O homem não pode viver plenamente sua mente sem livros e o tempo para estudá-los, ou sem a oportunidade de viajar e observar, ou sem o companheirismo intelectual.

Para viver plenamente sua mente, o homem necessita ter relações intelectuais e rodear-se de todos os objetos de arte e de toda beleza que seja capaz de usufruir e apreciar.

Para viver plenamente sua alma, o homem precisa ter amor e o amor é uma expressão negada pela pobreza.

A maior felicidade que um homem pode alcançar se encontra na concessão de benefícios àqueles a quem ama; o amor encontra sua expressão mais natural e espontânea no ato de doar. O que nada tem para dar, não pode preencher seu lugar na condição de marido, de pai, de cidadão.

Um homem encontra a plenitude do seu corpo, desenvolve sua mente e revela sua alma no emprego das coisas materiais. Por isso, é de uma grande importância que seja rico.

O desejo do ser humano em buscar expressão, proveito, benefício em tudo que realiza, é perfeitamente aceitável, pois o espírito empreendedor é um atributo inerente à sua natureza.

Portanto, é totalmente lícito que você deseje ser rico. Você está no seu legítimo direito de prestar máxima atenção a *A ciência de se tornar rico*, pois essa ciência compreende o mais nobre e necessário de todos os estudos.

Se você for negligente neste estudo, estará abandonando um dever para consigo mesmo, para com Deus e para com a

Humanidade, porque não poderá oferecer a Deus, nem à Humanidade qualquer serviço maior do que alcançar o máximo de si mesmo.

Capítulo 2

Existe uma ciência para se tornar rico

Existe uma ciência para se tornar rico, se trata de uma ciência exata, similar à álgebra e às matemáticas.

Existem certas leis que governam o processo de adquirir riquezas e quando essas leis são aprendidas e obedecidas por qualquer homem, com uma certeza matemática chegará a ser rico.

A aquisição do dinheiro ou de propriedades é o resultado de se fazer as coisas de "certa maneira". As pessoas que fazem as coisas de "certa maneira", seja intencional ou casualmente, tornam-se ricas. Não obstante, as pessoas que não fazem as coisas do "jeito certo" permanecerão pobres. É uma lei natural que determinadas causas produzam determinados efeitos, portanto, qualquer homem ou mulher que aprenda a fazer as coisas do jeito certo, infalivelmente se tornará rico.

Essa assertiva é verdadeira, uma vez que se tornar rico não depende do meio ambiente, pois se assim fosse, todo mundo seria rico. A população de uma sociedade seria rica em sua totalidade, enquanto a de outra cidade seria pobre; ou os habitantes de um Estado viveriam em abundância, enquanto os habitantes do Estado ao lado permaneceriam na pobreza.

O que vemos, porém, por toda parte, são ricos e pobres, frente a frente vivendo no mesmo entorno, e com frequência, ocupados com os mesmos trabalhos.

Quando dois homens estão na mesma localidade, trabalhando no mesmo negócio, e um deles se torna rico e o outro permanece na pobreza, nós apuramos que a arte de enriquecer não é simplesmente uma questão de ambiente.

Alguns ambientes podem ser mais favoráveis do que outros a determinado tipo de trabalho, mas quando dois homens trabalham em um negócio e estão no mesmo espaço físico e não se enriquecem, enquanto outro que não dispõe das mesmas facilidades prospera, indica que o ato de enriquecer está alicerçado na aplicação do jeito certo de fazer.

E, complementando, vemos que a capacidade de fazer as coisas do jeito certo não está ligada unicamente à questão de talento, já que muitas pessoas de grande talento se tornaram pobres, enquanto outras sem talento tornaram-se ricas.

Ao analisarmos as pessoas que enriqueceram, nós percebemos, em termos, que não se trata de grandes talentos, ou pessoas portadoras de habilidades acima da média. É evidente que elas enriqueceram porque fizeram as coisas de outro modo.

Tornar-se rico não é o resultado de economizar, de reduzir. Muitas pessoas que vivem na penúria são pobres, enquanto que gastadores empedernidos com frequência enriquecem.

Tampouco, alguém se torna rico fazendo coisas que os demais não são capazes de fazer, e muitas vezes dois homens no mesmo negócio fazem aproximadamente as mesmas coisas, mas enquanto um enriquece, o outro permanece pobre ou leva o empreendimento à falência.

A partir de tudo isso, chegamos à conclusão de que se tornar rico é o resultado de fazer as coisas de maneira certa. Se o enriquecimento é o resultado de fazer as coisas de maneira certa e se as mesmas causas sempre produzem os mesmos efeitos, qualquer homem ou qualquer mulher que fizer as coisas, desta maneira, pode se tornar rico, e, portanto, todo este assunto se encontra dentro do domínio da ciência exata.

Surge a pergunta: essa técnica de enriquecimento é tão difícil que sua prática é possível somente a alguns tantos?

Não é esse o raciocínio correto, já que, como já analisamos, nessa prática não está envolvida a capacidade natural do indivíduo. Gente com talento se enriquece, mas os estúpidos também enriquecem. Há pessoas, intelectualmente, brilhantes que se tornam ricas, mas há outras, abobalhadas, que igualmente adquirem riqueza.

Existem aqueles que mesmo sendo fortes dificilmente enriquecem e gente débil e enferma que se torna rica. No entanto, é essencial certo grau intelectual para pensar e entender, mas no que se refere à capacidade natural, qualquer homem ou mulher que tenha a capacidade suficiente, por exemplo, para ler e entender estas palavras, sem dúvida, poderá enriquecer.

Apuramos também que o enriquecimento não é proveniente do ambiente. É certo que a localização conta, considerando que ninguém iria ao coração do Saara, esperando fazer ali bons negócios.

Tornar-se rico implica necessidade de tratar com os homens e de estar onde há gente com quem tratar. E se essa gente estiver interessada em seguir o caminho que você quer seguir, muitíssimo melhor. É exclusivamente nesse sentido que a localização espacial tem a sua importância para o crescimento do indivíduo.

Se qualquer pessoa que viva em sua cidade ou em seu país pode enriquecer, então você também pode.

Eu repito: não se trata de escolher qualquer negócio ou profissão em particular.

Você pode enriquecer em qualquer negócio, em qualquer profissão, enquanto seu vizinho ao lado, que realiza um trabalho similar ao seu, pode permanecer na pobreza.

É evidente que se você tiver certos talentos para determinado tipo de negócio, e esse negócio lhe trouxer satisfação, você dará o melhor de si nessa empreitada.

Do mesmo modo, aqueles que estiverem em outro negócio, mas fisicamente no mesmo ambiente que você, oferecerão o melhor de si. É indiscutível que um ponto de venda de sorvetes funciona melhor num clima cálido do que em regiões frias, e um frigorífico de salmões terá mais sucesso em locais onde não há salmões.

Apesar destas limitações gerais, tornar-se rico não depende da sua ocupação em um negócio particular ou não, mas da sua capacidade para conseguir fazer as coisas do modo certo.

Nada impede que você se torne rico por falta de capital. Você pode, por exemplo, estar à frente de um empreendimento com resultados pouco satisfatórios, enquanto alguém da sua cidade está enriquecendo no mesmo ramo de atividade.

Naturalmente, se consegue ter capital o crescimento será mais fácil e mais rápido; mas aquele que já tem o capital, já é rico e não precisa considerar essa questão.

Não importa o nível de pobreza que você apresente. Se começar a fazer as coisas do modo correto, começará a enriquecer e a dispor de capital.

Conseguir capital é parte do processo e é parte do resultado para se tornar rico que, invariavelmente, segue o fato de fazer as coisas da maneira certa.

Poderia ser você o homem mais pobre do Continente e estar com muitas dúvidas, poderia não ter amigos, nem influências, nem recursos, mas se começar a fazer as coisas corretamente, infalivelmente começará a enriquecer, já que determinadas causas produzem determinados efeitos.

Se não dispõe de capital, pode conseguir capital; se está em uma negociação equivocada pode entrar no negócio certo; se está vivendo em uma cidade inadequada pode deslocar-se para a cidade mais adequada. Pode fazê-lo começando com seu empreendimento presente e em sua cidade atual, mas o fato de fazer as coisas da maneira certa lhe repercutirão em sucesso.

Capítulo 3

Está monopolizada a oportunidade?

Nenhum homem permanece pobre porque a oportunidade tenha sido roubada ou porque as pessoas tenham-lhe monopolizado a riqueza e tenham construído uma barreira ao seu redor.

Determinadas ocupações podem causar certos incômodos, mas há outros canais abertos para você.

Se você não pode atuar em um ramo de atividade que deseja, mas se considerar os seus talentos e o modo certo de fazer, então o mais apropriado será observar o sentido em que a sociedade caminha, e as necessidades do mundo industrial, empresarial ou comercial que se apresentam de modo que você, nessa avalanche de oportunidades, consiga o seu lugar e prospere e se torne rico.

Contudo, se você é empregado e não empregador, as possibilidades de se tornar dono no ramo de atividade em que trabalha serão menores. Mas, também é certo que se começar a atuar de determinada maneira, logo poderá deixar a posição de emprego e iniciar, ainda que modestamente, o próprio negócio.

Atualmente, há grandes oportunidades para quem deseja ter o próprio negócio. Para isso, basta que você trabalhe da maneira certa.

Em diferentes períodos, o fluxo das oportunidades segue direções distintas de acordo com as necessidades da população. Com o desenvolvimento das sociedades e o seu crescente desejo e procura pelos bens de consumo – vestuário, alimentação, comodidade, lazer, só para citar alguns, as oportunidades de ascensão na área de prestação de serviços, por exemplo, se tornam dia a dia mais atraentes e ao alcance daqueles que sabem a maneira certa de fazer as coisas, aproveitando as oportunidades de prosperar.

Por mais que as crises de ordem socioeconômica estejam abalando as diferentes nações, ainda assim a classe assalariada não está desprovida de oportunidades de ascensão, pois os trabalhadores, de modo geral, estão cientes em relação aos meandros dos contratos entre empregados e empregadores e a pouca flexibilidade existente quanto aos vínculos empregatícios quando se trata dos direitos dos trabalhadores.

Na forma de classe, é assim que a grande parcela ativa da população está, porque não faz as coisas do modo certo. A classe operária poderia perfeitamente converter-se na classe dominante, se começasse a fazer as coisas certas, porque a lei da riqueza é a mesma para todos. É o que deveriam aprender, sob a sanção de permanecerem estagnados, fazendo somente o que lhes é pré-determinado.

Por outro lado, o trabalhador individual que não está dominado pela ignorância ou pela preguiça da sua classe, pode seguir "a maré" das oportunidades que leva à riqueza. E este livro lhe ensinará como fazer isso.

Ninguém se mantém na pobreza para assegurar riquezas aos demais; há o suficiente para todos. Tudo depende de como a riqueza é aplicada. O mundo tem condições de atender às necessidades básicas da sua população. Há abrigo, alimento, vestuário em abundância para todos.

A provisão visível é praticamente inesgotável e o invisível é realmente inesgotável.

Tudo o que vemos sobre a Terra é feito de uma Substância Original da qual procedem todas as coisas. Constantemente, são criadas novas formas e as velhas vão se diluindo, mas todas elas são formas provenientes de uma fonte original. Considerar esse raciocínio na questão referente à aquisição da riqueza significa que ninguém estará condenado à pobreza por escassez da fonte da riqueza, pois não há um limite para a fonte da Matéria Informe ou Substância Original.

O Universo foi feito dessa Substância Original, contudo ela não se esgotou totalmente em sua criação.

Os espaços através e entre as formas do Universo visível estão impregnados desta Substância Original ou Matéria Informe. Com a matéria-prima de todas as coisas poderia se fazer dez mil vezes mais do já foi feito e ainda assim a provisão de matéria-prima original não se esgotaria. Portanto, ninguém é pobre porque a natureza é pobre ou porque não há suficiente riqueza ao seu alcance.

A natureza representa um manancial farto de riquezas, a provisão que jamais se esgota.

A Substância Original está viva junto com a energia criativa e, constantemente, esta produz novas formas.

Quando a fonte de matéria-prima se esgota, a natureza providencia a sua renovação de modo que o homem não sofre qualquer tipo de carência.

Quando todo o ouro e toda prata da Terra forem escavados, e se o homem, porventura, estiver em uma fase de desenvolvimento social que necessite de ouro e prata, a Matéria informe de alguma forma produzirá mais. A Matéria Informe sempre responde às necessidades do homem, jamais o deixa em falta.

A Humanidade, a coletividade, em sua totalidade, é abundantemente rica e se determinados indivíduos são pobres, é porque não fazem as coisas do jeito certo, de modo a torná-los homens individualmente ricos.

A Matéria Informe é inteligente, é matéria que pensa. Está viva e sempre se sente impelida para mais vida. É o impulso natural e inerente à vida que busca viver mais; é a natureza da inteligência que busca ampliar-se e do conhecimento que busca ampliar suas fronteiras e encontrar a expressão mais perfeita.

O Universo das formas foi feito pela Substância Informe que se estende, se amplia e se autoexprime de diferentes maneiras.

O Universo é uma grande presença divina, que sempre se move inerentemente para gerar mais vida. Trata-se de um funcionamento perfeito.

A natureza está formada pelo avanço da vida; a motivação que a impele flui em direção à vida. Por esse motivo, qualquer coisa que tenha a possibilidade de administrar vida, proporciona-a generosamente. Por isso, não pode ter carência alguma, a não ser que Deus se contradiga a si mesmo e anule seu próprio trabalho.

Você não é pobre por carência de fonte de riquezas. Isso é um aspecto que demonstrarei adiante, afirmando inclusive que os recursos da Substância Informe estão a serviço do homem ou da mulher que pense ou atue da maneira certa.

Capítulo 4

O primeiro princípio da ciência de se tornar rico

O pensamento é o único elemento capaz de produzir riqueza tangível a partir da Substância Informe.

A substância a partir da qual foram feitas todas as coisas é esta Substância Pensante e um pensamento nesta Substância é o que produz a forma.

A Substância Original move-se de acordo com seus pensamentos; cada forma e cada processo que vemos na natureza é a expressão visível de um pensamento na Substância Original.

Quando a Matéria Informe pensa em alguma forma ela se cria, e quando pensa em algum movimento ele assume determinada forma. Foi dessa maneira que todas as coisas foram criadas.

Vivemos em um mundo de pensamentos que faz parte do universo dos pensamentos.

O pensamento de um universo que se move estendendo-se para todas as partes da Substância Informe, a Matéria Pensante, ao se movimentar conforme este pensamento tomou a forma dos sistemas planetários e mantém essa forma.

Assim, a Substância Pensante confere forma ao pensamento e se move de acordo com tal pensamento. Vamos considerar a ideia de um sistema circular de sóis e mundos em que a Substância Pensante ou Amorfa idealizou a forma de seus corpos e os movimenta de acordo com o modelo concebido.

Tomemos outro exemplo: vamos pensar no cultivo e crescimento de um carvalho – o pensamento por si só não pode produzir uma árvore pronta – rígida, forte, majestosa – mas, ao se apresentar como é torna-se evidente que o elemento árvore obedeceu a certo ciclo cadenciado e pré-determinado pela Substância Pensante, ou seja, ela não é resultado de um exercício puro de ideoplastia, uma ação exercida pelo pensamento sobre a matéria. Para que a árvore viesse a ser, houve uma intencionalidade que, inserta na Substância Pensante, se estratificou por meio dos ciclos naturais de vida.

O mesmo aconteceria se o pensamento referente à construção de uma casa fosse impresso pela Substância Informe, ela não produziria a formação imediata da casa, mas provocaria uma intencionalidade através de um giro das energias criativas que já estariam trabalhando no comércio e o ofício de tais canais que resultariam na construção rápida da casa. E se não houvesse nenhum canal pelo qual pudesse trabalhar a energia criativa, então a casa seria formada diretamente a partir da Substância Principal, sem esperar os lentos processos do mundo orgânico e inorgânico.

Portanto, nenhuma forma pensada pode ser "impressa" sobre a Substância Original sem causar a criação da forma.

Todas as formas que o homem materializa foram inicialmente concebidas pela força do pensamento. Mas, o homem limitou quase totalmente seus esforços ao trabalho manual, ao mundo das formas, tentando desconfigurar ou modificar as existentes. Nunca pensou em criar outras formas imprimindo seus pensamentos sobre a Substância Informe.

Todo homem é um ser pensante. Quando o homem cria uma forma-pensamento, ou seja, quando a ação do pensamento incide sobre a matéria, por meio do desejo de criar, surge uma imagem com a representação mental do objeto. Nesse sentido, o homem, inconscientemente, ao plasmar formas-pensamento, atua como cocriador da Inteligência Informe. Sem se dar conta, ele "trabalha com o Pai".

Mas, infelizmente, essa capacidade de criação ainda não está totalmente desperta na mente humana. Qualquer homem ou mulher pode atuar e ensinar como ser um cocriador divino.

Seguindo esse raciocínio vamos estabelecer três proposições fundamentais. Primeiramente, admitir a existência de uma Matéria Original Informe ou Substância Amorfa, a partir da qual todas as coisas foram e continuam a ser criadas.

As diferentes configurações físicas de um elemento não são senão variações de um mesmo objeto. Afirmação que se contrapõe às muitas formas encontradas na natureza orgânica e inorgânica, concebidas a partir da Matéria Pensante.

O homem é naturalmente um centro gerador de pensamento que ao estabelecer sintonia com a Substância Pensante Original também dá forma ao pensamento formulado. Resumindo:

- Há uma Matéria Pensante a partir da qual são feitas todas as coisas e que, no seu estado original impregna, penetra e modela os interespaços do Universo.

- Um pensamento nesta Matéria produz o objeto inicialmente elaborado pela mente pensante.
- O homem pode modelar através do seu pensamento e, em conexão com a Substância Informe, ele pode materializar o seu objeto de desejo.

Essas afirmações podem ser demonstradas por meio da lógica e da experiência.

Ao raciocinar acerca dos fenômenos da forma e do pensamento eu chego até a Substância Informe. Ao seguir o fluxo da Substância Informe me deparo com o poder de criação do homem. E por meio da experimentação, eu chego ao raciocínio verdadeiro e esta é a minha prova mais irrefutável.

Se um homem que lê este livro torna-se rico realizando o que o livro propõe, trata-se de uma comprovação da minha afirmação. Mas, se todos os homens fazem o que o livro ensina e enriquecem, trata-se de uma comprovação da minha teoria.

A teoria é verdadeira até que o processo falhe, mas este processo não irá falhar para o homem que faça exatamente o que este livro recomenda, a fim de se tornar rico.

Reiteradamente, eu digo que os homens se tornam ricos realizando as coisas do jeito certo. O modo pelo qual um homem faz as coisas é o resultado direto da maneira como as pensa.

Para fazer as coisas do modo como você quer fazê-las, deverá adquirir habilidade de pensar desta maneira, não desviando o pensamento, não perdendo o seu foco, esse é o primeiro passo para se tornar rico.

Pensar somente o que deseja pensar é se fixar na VERDADE, naquilo que realmente é importante para você, independentemente das aparências.

Toda pessoa tem o poder natural e inerente de pensar o que quiser, sem o compromisso com a VERDADE, pois emitir pensamentos segundo a aparência é fácil. Contudo, a partir de uma situação, avaliar, ponderar e concluir um pensamento ou julgamento é trabalhoso e requer concentração, disciplina para não se perder o objetivo.

Partindo-se do pressuposto que a VERDADE é contrária às aparências, apresento, a título de exemplificação, um quadro hipotético de enfermidade. Perante o quadro, o pensamento ou o julgamento inicial de teor destrutivo, referente ao aspecto, à aparência da enfermidade, amplia-se e se cristaliza na mente pensante, criando um padrão negativo. Mas, se o emissor quebrar esse paradigma e formular um pensamento positivo, acreditando que a aparente doença não é real e que a VERDADE é somente a saúde, então a saúde se instaura e a doença desaparece.

Em relação às demais questões da vida e especificamente da pobreza, o processo é o mesmo: você produzirá formas correspondentes em sua mente, a não ser que sustente o pensamento da VERDADE de que não há pobreza, de que só existe a abundância.

Olhar além da saúde quando estamos rodeados pelas aparências da enfermidade ou pensar na riqueza quando estamos em meio às aparências da pobreza requer poder: e aquele que adquire esse poder converte-se numa MENTE MESTRA – o que equivale a conquistar o destino e ter tudo o que desejar.

Mas, este poder só pode ser captado unicamente por meio do fato básico que se encontra por trás de todas as aparências – a Substância Pensante da qual e através da qual são feitas todas as coisas. Logo, se nós compreendermos que a verdade que contém cada pensamento desta Substância transforma-se em uma forma, então o homem pode imprimir seus pensamentos sobre esta Substância, conferindo-lhes realidade palpável.

Ao considerarmos essa afirmação, nos libertamos da dúvida e do medo, pois já sabemos que somos capazes de criar o que queremos criar, somos capazes de conseguir o que queremos ter e podemos nos converter naquilo que desejamos ser.

Como primeiro passo para se tornar rico é necessário crer nas três exposições fundamentais, anteriormente mencionadas, proporcionadas neste capítulo:

- Há uma Matéria Pensante a partir da qual são feitas todas as coisas e que, no seu estado original impregna, penetra e modela os interespaços do Universo.

- Um pensamento nesta Matéria produz o objeto inicialmente elaborado pela mente pensante.

- O homem pode modelar através do seu pensamento e, em conexão com a Substância Informe, ele pode materializar o seu objeto de desejo.

Para conseguir êxito você deve deixar de lado todos os outros conceitos do Universo, exceto este conceito monístico.

Leia as exposições fundamentais, acima mencionadas, várias vezes. Fixe na memória cada palavra e medite a respeito até acreditar firmemente no que elas dizem. Na incerteza, deixe-as de lado por um tempo.

Não ouça argumentos contrários a estas ideias.

Não procure igreja ou conferências onde ensinem ou ditem conceitos contrários.

Não leia revistas ou livros que apregoam ideias distintas, pois você pode se confundir na sua fé, e todos os seus esforços serão inúteis.

Não questione acerca da veracidade dessas proposições. Não especule, simplesmente receba-as com confiança.

A ciência de se tornar rico começa com a aceitação absoluta desta verdade.

Capítulo 5

Aumentando a vida

Você deve se liberar da velha ideia de que está fadado a ser pobre, ou seja, que você nasceu predestinado a viver na pobreza.

A Substância Inteligente que é tudo no todo, que vive no todo e vive em você, por ser uma substância consciente está em constantemente movimento, impulsionando a vida.

Todo ser vivo deve pedir continuamente ao Universo a expansão de sua vida e de tudo que o rodeia, porque a vida, por si só, necessita se expandir.

Uma semente, ao cair na terra começa sua atividade, e no ato de viver, produz centenas de sementes. A vida se perfaz em si própria, multiplicando-se, convertendo-se em mais, a cada nova expressão.

A inteligência, igualmente, tem essa mesma necessidade de expansão contínua.

A cada pensamento que nós emitimos há uma constatação, e imediatamente outro pensamento surge, promovendo a ampliação contínua da consciência.

Cada fato que aprendemos leva-nos à aprendizagem de outro fato; o conhecimento também se expande incessantemente.

Cada talento que cultivamos instiga o desejo de cultivar ainda outro, pois estamos sujeitos ao impulso de vida que busca a expressão que nos conduz sempre a sabermos mais, a fazermos mais e a sermos mais.

Para saber mais, devemos fazer mais e para ser mais devemos ter mais. Devemos ter coisas para usar, para aprender, para fazer, para nos converter naquilo que desejamos unicamente, usando coisas.

Devemos nos tornar ricos para poder viver mais.

O desejo de se tornar rico é simplesmente a capacidade para a busca de uma vida plena; cada desejo é o esforço de uma possibilidade não expressa para entrar em ação.

É o poder buscando manifestar o que causa o desejo.

Aquele impulso que faz com que você queira mais dinheiro é o mesmo que faz crescer a planta – a Substância Viva Única inerente a toda vida É a Vida que busca sua expressão mais completa, impulsionando o desejo de criar coisas.

A Substância Única deseja viver mais em você, por isso deseja que você tenha todas as coisas que possa usar.

Este é o desejo de Deus: que você alcance a riqueza.

Ele quer que você seja rico porque assim poderá se manifestar mais pelo seu intermédio.

Deus pode viver mais em você, se você tem um controle ilimitado do significado da vida.

O Universo deseja que você tenha tudo o que quiser:

- A natureza é amistosa com seus projetos.
- Tudo é natural para você.
- Convença-se de que isto é verdadeiro.

- É, não obstante, essencial que seu propósito esteja em harmonia com o propósito que está no Todo.

Você deseja uma vida verdadeira, não o mero prazer da satisfação sexual.

A vida é o rendimento de cada função, e o indivíduo vive de forma real unicamente quando realiza cada função física, mental, espiritual, sem fazê-lo em excesso.

Você não quer se tornar rico para viver avidamente, nem para satisfazer seus desejos animais: isso não é a vida. Mas, o rendimento de cada função física faz parte da vida, e nenhuma vida é completa se desdenha os impulsos do corpo dentro de uma representação normal e saudável.

Você não quer se tornar rico para desfrutar unicamente dos prazeres mentais, alcançar conhecimentos, satisfazer ambições, impressionar outros ou ser famoso. Tudo isso é parte legítima da vida. Mas, o homem que vive unicamente para os prazeres do intelecto terá somente uma vida parcial e nunca se sentirá satisfeito com isso.

Você não quer se tornar rico unicamente para o bem dos demais, perder-se pela salvação da Humanidade, para experimentar as alegrias da filantropia e do sacrifício.

As alegrias da alma são unicamente uma parte da vida e não são melhores ou mais nobres do que qualquer outra parte.

Inicialmente, você quer se tornar rico para poder comer, beber e se divertir.

Quando for o momento de fazer essas coisas, rodear-se de coisas belas, viajar, alimentar sua mente e desenvolver seu intelecto, para poder amar as pessoas e fazer coisas agradáveis e ser capaz de desempenhar um bom papel, a fim de ajudar o mundo a encontrar a verdade, você o fará. Lembre-se, porém, que o altruísmo extremo não é melhor, nem mais nobre do que o egoísmo extremo. Ambas as posturas são um equívoco.

Desfaça-se da ideia de que Deus quer que você se sacrifique pelos demais, e que atuando deste modo você se aproximará Dele. Deus não necessita de nada disso.

O que Ele deseja é que você dê o máximo de si, para você e para os demais. Agindo dessa, forma você estará dispondo mais do que de qualquer outro modo. Poderá dar mais de si sendo rico; pelo que é correto e louvável que ponha seu primeiro e melhor pensamento no labor de adquirir riqueza.

Lembre-se, contudo, que o desejo da Substância Inteligente é para todos e que seus movimentos são para dar mais vida a todos, pois não pode consistir em diminuir a vida de ninguém, porque a lei é de igualdade tanto na busca da riqueza quanto na busca da vida.

A Substância Inteligente disponibilizará coisas para você, mas não tomará nada de ninguém para dá-lo a você.

É preciso eliminar a ideia de competência.

É preciso criar, não competir pelo que já foi criado.

Não há necessidade de enganar nem tirar nada de ninguém.

Não há necessidade de fazer negócios obscuros.

Não há necessidade de iludir ou se aproveitar de ninguém e não é necessário deixar um trabalho somente porque está se ganhando menos.

Não há necessidade de desejar a propriedade dos demais, ou olhá-la com cobiça. Homem algum tem nada que você não possa ter e sem necessidade de tirar daquele que tem.

Você deve se converter em um criador, não em um competidor. Vá e consiga o que mais deseja, mas de modo que, quando o conseguir, cada homem tenha mais do que agora tem.

Contudo, eu sou consciente de que há pessoas que conseguem soma de dinheiro, atuando de modo oposto às formulações descritas neste livro, e nesse sentido apresento uma explicação.

As pessoas pertencentes à elite econômica se tornaram muito ricas porque, às vezes, o conseguiram unicamente por sua capacidade em competir e, às vezes, por se relacionarem, de modo inconsciente, com a Substância Inteligente em seus grandes objetivos e movimentos para o desenvolvimento geral na evolução industrial.

Rockefeller, Carnegie, Morgan e outros foram os agentes inconscientes do Supremo no trabalho de organizar e sistematizar a indústria produtiva, e no final seu trabalho contribuiu de modo significativo para a melhoria de vida de todos. Mas seu tempo já passou, pois realizaram a produção, mas logo foram sucedidos pelos agentes da multidão, os quais organizaram a maquinaria da distribuição.

Os multimilionários são como os répteis monstruosos das eras pré-históricas, desempenham um papel, necessário ao processo evolutivo, mas o mesmo poder que os produziu os elimina. E há de se considerar que esses milionários nunca foram realmente ricos; o estudo das vidas particulares da maioria deste tipo de pessoas demonstra que, com frequência, foram os mais abjetos e miseráveis dos pobres.

A riqueza que se apoia na competência nunca é satisfatória e duradoura; hoje pertence a alguns, mas amanhã será de outros. Lembre-se, se você realmente quiser se tornar rico de um modo científico, precisa abandonar completamente a ideia de competência.

Você não deve pensar jamais que a provisão seja limitada. Se você começar a pensar que todo dinheiro estará concentrado nas mãos de poucos, certamente precisará recorrer à justiça para garantir os seus direitos. Nesse momento, estará caindo na armadilha da mente competitiva e seu poder de criação desaparece, pois você provavelmente estará bloqueando os movimentos criativos a que havia dado início.

Saiba que há incontáveis milhões de dólares em ouro nas entranhas da Terra, que ainda não saíram à luz e saiba também que se não o houvesse, seriam criados pela Substância Pensante para atender às suas necessidades.

Saiba que o dinheiro que você necessita virá, ainda que para isso seja necessário que 1.000 homens sejam conduzidos ao descobrimento das novas minas de ouro do amanhã.

Não olhe exclusivamente para a riqueza visível, olhe também para as riquezas ilimitadas na Substância Informe e saiba que chegam tão rápido quanto você possa recebê-las e usá-las.

Por mais que haja controle sobre as riquezas ninguém vai lhe impedir de conseguir o que é seu.

Jamais se permita pensar, por exemplo, que os melhores projetos de construção serão tomados por outros antes que você esteja preparado para construir sua casa, a menos que não se apresse.

Jamais se preocupe com as grandes empresas e as possíveis fusões que entre elas possam ocorrer, e não fique ansioso, nem tenha medo de que acabem se apropriando da terra inteira.

A CIÊNCIA DE SE TORNAR RICO | 41

Jamais tenha medo de perder o que deseja somente porque alguém se adiante. Essa possibilidade não se sustenta, já que você não está se apossando da propriedade de outro. Você apenas está trabalhando para a criação do que deseja pela Substância Informe e essa fonte é inesgotável.

Apenas, concentre-se nessas afirmações:

- Há uma Matéria Pensante a partir da qual são feitas todas as coisas e que, no seu estado original impregna, penetra e modela os interespaços do Universo.

- Um pensamento nesta Matéria produz o objeto inicialmente elaborado pela mente pensante.

- O homem pode modelar através do seu pensamento e, em conexão com a Substância Informe, ele pode materializar o seu objeto de desejo.

Capítulo 6

Como a riqueza chega até você

Quando eu aconselho você a não se envolver em negócios arriscados, duvidosos, não significa que não deva fazer nenhum tipo de transação. Significa que você não precisará competir de forma desonesta, pelo contrário, procure restituir a cada pessoa mais do que toma dela.

Se você não puder dar a cada pessoa o correspondente ao valor efetivo de mercado, pode lhe dar mais **valor de uso**.

O papel, a tinta e os demais materiais deste livro, por exemplo, talvez não alcancem o dinheiro que se paga por ele, mas se o que sugere lhe proporcionar milhares de dólares, então, você não terá sido enganado por quem lhe vendeu, pelo contrário, terão lhe dado um grande valor de uso em troca de um pequeno valor efetivo.

Suponhamos que você possua um quadro de um artista famoso e que essa obra esteja avaliada em milhões de dólares. Se você tentar vendê-la a um selvagem em troca de um fardo de peles de valor menor estará enganando o comprador, pois a obra para ele não possui valor de uso, essa aquisição não acrescentará nada à sua vida.

Mas, suponhamos que você, em troca do fardo de peles, tenha lhe entregado uma arma de valor irrisório então, ele terá feito um bom negócio, já que poderá empregar a arma para caçar, e obter muitas peles e alimentos. Isso acrescentará algo à vida do selvagem e o tornará rico.

Quando você trabalha no plano criativo e não no plano competitivo, você se torna bem-sucedido em suas transações de negócios, porque elege a honestidade em sua vida, pois você não precisa enganar ninguém para se tornar rico.

Então, dê a cada pessoa mais em valor utilitário – oportunidades, facilidades, porque assim acrescentará algo à vida do mundo através da sua transação de negócio.

Se você pertence ao mundo empresarial, organize e amplie os seus negócios garantindo oportunidade de expansão à sua equipe de colaboradores. Incentive os seus funcionários, motivando-os a crescerem, a ascenderem junto com você até alcançar a riqueza. Faça pelos seus empregados, o que este livro está fazendo por você.

E, finalmente, criar a riqueza a partir da Substância Amorfa, que impregna seu ambiente, não significa a sua materialização diante dos seus olhos.

Se, por exemplo, deseja uma máquina de costura, não significa que deva mentalizar este objeto na Substância Pensante, e que sem a intervenção de suas mãos, ele se concretize. Mas, se deseja uma máquina de costura, mantenha a imagem mental deste bem com a certeza mais positiva de que já o possui, ou está a caminho para você.

Após a formulação do pensamento, tenha a mais absoluta e inquestionável fé de que o seu objeto de desejo estará chegando. Nunca fale disso se não tiver total certeza de que chegará. Reclame-o como algo que já é seu e lhe será entregue pelo poder da Inteligência Suprema, que atua acima das mentes dos homens, que atua através de tudo no todo.

Certamente, você pode possuir uma máquina de costura em sua casa, ou qualquer outra coisa que deseje e que utilizará para o progresso de sua própria vida ou da vida dos demais.

Confie plenamente nas palavras proferidas por Jesus: ... É *um prazer ao Pai vos entregar o Reino*.

A Substância Original deseja viver tudo que seja possível em você e quer que tenha tudo o que possa usar para ter uma vida mais abundante.

Se você fixar em sua consciência que o desejo de posse de riqueza é o desejo supremo de Deus, para uma expressão mais completa, sua fé será invencível.

Certa vez, eu vi um menino pequeno sentado diante de um piano tentando em vão conseguir harmonias tocando suas teclas, vi que estava entristecido e um pouco chateado com sua pouca habilidade para tocar a verdadeira música. Perguntei-lhe a causa do desgosto e ele me disse: *Posso sentir a música dentro de mim, mas não sou capaz de expressá-la pelas minhas mãos*.

Nele a música era o ESTÍMULO da Substância Original que daria continuidade a todas as possibilidades de toda a vida; tudo o que está na música procurava expressar-se através da criança.

Deus, a Substância Única, está tentando viver e desfrutar das coisas por meio da Humanidade. Está dizendo: *Quero mãos para construir estruturas maravilhosas, para interpretar harmonias divinas, para pintar quadros gloriosos. Quero pés para correr a levar meus recados, olhos para contemplar minhas belezas, línguas para expressar verdades poderosas e cantar canções maravilhosas*, e coisas assim.

Tudo o que pertence à possibilidade busca exprimir-se através dos homens.

Deus deseja que aqueles que possam tocar música tenham pianos ou qualquer outro instrumento, e também os meios para cultivar ao máximo seus talentos.

Quer que aqueles que sejam capazes de apreciar a beleza se rodeiem de coisas.

Quer que aqueles que sejam capazes de distinguir a verdade tenham a oportunidade de viajar e ver o mundo.

Quer que aqueles que sejam capazes de apreciar a boa roupa possam estar belamente vestidos.

E aqueles que possam apreciar a boa comida se alimentem luxuosamente.

Ele quer todas estas coisas porque tudo é criação Dele.

É Deus que quer brincar, cantar e desfrutar da beleza, proclamar a verdade e usar roupa fina, e comer bons alimentos.

É Deus quem trabalha em você para desejar e fazer, disse São Paulo.

O desejo que você sente pela riqueza é infinito, já que procura que Ele se expresse através de você, como Ele procurou se expressar através da criança do piano. Portanto, não necessita duvidar ou questionar muito. O que tem de fazer é focalizar e demonstrar o desejo a Deus.

Trata-se de algo difícil para a maioria das pessoas conservadoras que acreditam que a pobreza e o autossacrifício são agradáveis a Deus. Tais pessoas entendem a pobreza como parte de um plano de Deus, uma necessidade da natureza.

Certas pessoas alimentam a ideia de que o trabalho de Deus está concluído, e que a maioria dos homens têm de ser pobres porque não há bastante para todos. Estão tão imbuídos desse pensamento equivocado que inclusive se envergonham de pedir riqueza; tentam não querer mais do que quantidades modestas, o justo para se sentir comodamente.

Recordo-me agora o caso de um estudante a quem foi solicitado que formasse em sua mente a imagem clara das coisas que desejava, para que o pensamento criativo pudesse ser impresso na Substância Informe. Era um garoto muito pobre que vivia em uma casa de aluguel e dispunha somente do que ganhava dia a dia. Ele não podia compreender que toda a riqueza pudesse ser sua, por isso, depois de meditar a respeito do assunto, decidiu que pediria um tapete novo para seu melhor quarto e uma estufa de carvão para aquecer sua casa durante o inverno.

Seguindo as instruções dadas neste livro, obteve as coisas em alguns meses e logo percebeu que não havia pedido o bastante.

Então, observando mais atentamente sua casa, planejou todas as melhorias que desejava fazer. Agregou mentalmente uma janela aqui, uma sacada ali, até que idealizou a sua casa de seus sonhos, planejando em seguida o mobiliário.

Com a imagem completa em sua mente ele começou a viver de certa maneira focando o seu objeto de desejo.

Atualmente, o estudante é o proprietário da casa e a está reconstruindo de acordo com sua imagem mental. Agora, com um campo de ação maior, ele prossegue na tentativa de conseguir coisas maiores. Assim foi de acordo com sua fé, e será o mesmo com você e com todos nós.

Capítulo 7

A gratidão

Os exemplos dados no capítulo anterior ajudarão você, caro leitor, a compreender que o passo inicial para se tornar rico é encaminhar a ideia do seu desejo à Substância Informe. Trata-se de uma verdade, e você verá que para fazer isso vai precisar apenas se relacionar de modo harmonioso com a Inteligência Informe.

Assegurar esta relação harmônica é um assunto de vital e primordial importância a que eu dedicarei aqui um espaço para sua exposição, e lhe proporcionarei as instruções para que, se você as seguir se assegure de estar em perfeita sintonia com Deus.

O processo inteiro de ajuste mental e reparação pode ser resumido em uma só palavra: gratidão.

Em primeiro lugar, você deve acreditar que há uma Substância Inteligente da qual procedem todas as coisas.

Em segundo lugar, você precisa querer que esta Substância lhe conceda tudo o que deseja.

Em terceiro lugar, você deve se relacionar com tudo isto através de um profundo sentimento de gratidão.

Muitas pessoas que vivem a vida honestamente estão na pobreza por causa da sua falta de gratidão. Isso se deve à falta de reconhecimento dessas pessoas por terem recebido um presente de Deus, é como se cortassem os cabos que os conectam a Ele, falhando no agradecimento.

É fácil compreender que quanto mais próximos nós estivermos da fonte da riqueza, mais riqueza nós receberemos.

É fácil também compreender que a alma que está sempre agradecida vive em contato mais íntimo com Deus do que as que dificilmente O buscam para expressar a sua gratidão.

Quanto mais agradecidos estivermos ao Supremo pelos bens que recebemos, mais nós os receberemos. A razão é simples: a atitude mental de gratidão leva a mente a um contato mais estreito com a fonte de onde procedem todas as bênçãos.

Se para você o pensamento de gratidão é um fato novo que coloca sua mente em harmonia com as energias criativas do Universo, considere-o bem e verá que é verdade.

As coisas boas que você já tem lhe chegarão através da linha de obediência a certas leis.

A gratidão conduzirá sua mente ao longo dos caminhos pelos quais as coisas chegam, o manterá em sintonia com o pensamento criativo e impedirá que você se embrenhe pelo pensamento competitivo.

Apenas a gratidão é capaz de levar você a pensar no Todo e não incidir em erro acreditando que a fonte seja limitada. Pensar seria fatal às suas esperanças. A Lei da Gratidão existe e é absolutamente necessário que você a siga, se realmente deseja obter os resultados que procura.

A Lei da Gratidão é o princípio natural de ação e reação – são polos iguais, mas em direções opostas.

A expressão de agradecimento, na forma de oração ao Supremo, consiste em uma ação, uma liberação de energia que alcança aquele a quem foi dirigida, e a reação, através de um movimento instantâneo, é o retorno dessa energia a você. *Acerque-se de Deus, e Ele se acercará de você.* Esta é uma exposição da verdade psicológica.

Se o seu desejo de gratidão é forte e constante, a reação na Substância Informe é forte e constante, ou seja, o movimento das coisas fluirá sempre em sua direção.

Atente à atitude de agradecimento adotava por Jesus: *Doute graças, Pai, porque sempre me ouves.*

Não se pode exercer muito poder sem gratidão, porque o que nos mantém conectados ao Poder é a gratidão.

O valor da gratidão não consiste unicamente em conseguir mais bênçãos em sua vida. A gratidão leva à resignação, à aceitação das coisas e situações que fogem ao nosso controle e rompem as nossas expectativas.

Se você fixar sua atenção em pobreza, infortúnio, e se contagiar pela negatividade, pelo sentimento de inferioridade que essas ideias sugerem, sua mente registrará a forma dessas coisas e transmitirá essas imagens mentais à Substância Informe que vai te devolver na mesma intensidade. Isso significa que ao realizar a ação de enviar imagens de miséria ao Universo, você opera uma reação equivalente no Universo – a devolução das mesmas imagens, que resultarão em falta de motivação e desesperança para prosseguir no seu objetivo.

Por outro lado, fixar sua atenção no melhor significa contagiar-se do melhor e converter-se no melhor.

O Poder Criativo que está dentro de nós, nos faz à imagem daquele a quem entregamos nossa atenção.

Somos a Substância Pensante e a Substância Pensante toma sempre a forma do que pensa.

A mente grata está constantemente afinada no melhor. Portanto, tende a se converter no melhor; toma a forma ou o caráter do melhor e receberá o melhor.

Além do mais, a fé nasceu da gratidão. A mente agradecida espera continuamente coisas boas e esta esperança transforma-se em fé.

O exercício da gratidão produz a fé e a cada impulso, a cada desejo de agradecimento a fé aumenta.

Aqueles que não têm sentimentos de gratidão não podem conservar uma fé viva, e sem uma fé viva ninguém pode se enriquecer pelo método criativo, como veremos nos capítulos seguintes.

É necessário, portanto, cultivar o hábito de agradecer por cada coisa boa que nos chegue e dar graças continuamente.

Deus tem trabalhado pacientemente para nos colocar onde estamos hoje: no mundo industrial, governamental.

Então, não perca tempo pensando ou conversando acerca dos defeitos ou erros dos grandes empresários ou dos magnatas das finanças. Na realidade, tudo o que você consegue realmente veio graças a eles.

Não reclame dos políticos corruptos. Se não fosse pelos políticos nós viveríamos em uma anarquia, você teria menos oportunidades do que tem hoje. Eu não tenho a menor dúvida de que os grandes magnatas, os chefes de cartéis e os políticos corruptos um dia serão descartados.

Enquanto isso pense de forma positiva. Pense que todos eles estão te ajudando a preparar o caminho pelo qual a riqueza lhe chegará. Sejamos gratos a eles. Pensando assim, você verá o bem em todas as coisas, e o bem em todas as coisas virá até você.

Capítulo 8

Pensando da maneira certa

Volte ao capítulo 6 e leia novamente a história do estudante que formou a imagem mental da sua casa e terá uma ideia clara do primeiro passo para se tornar rico.

Deve-se ter uma imagem clara, definida, específica do seu objetivo.

Se você não tiver essa ideia estabelecida em você mesmo, não poderá imprimi-la na Substância Pensante.

Vamos supor que você quisesse enviar uma mensagem a um amigo seu. Certamente, não lhe enviaria somente as letras deixando a ele o trabalho de reconstruir o texto. Tampouco buscaria as palavras ao acaso em um dicionário, mas enviaria frases com significado coerente.

Quando você se propuser a criar uma imagem do que deseja na Substância Pensante, lembre-se que essa imagem deve obedecer a uma exposição coerente. Não basta apenas ter o desejo de viajar, ver coisas, se tornar rico, viver mais etc. O seu desejo deve estar pautado pela coerência.

Nunca poderá enriquecer ou pôr em ação o seu poder, se enviar informações errôneas ou desejos confusos.

Acerque-se dos seus desejos como o fez o estudante ao idealizar sua casa. Diga unicamente o que deseja e evoque uma imagem clara em sua mente, tal qual a construiu quando a pensou.

Do mesmo jeito que o marinheiro que fixa sua mente no porto para onde se dirige você deve fixar sua mente, o tempo todo, na imagem do seu desejo. Não deve perdê-la de vista, do mesmo modo que o timoneiro não perde a bússola de vista.

Não é necessário que faça exercícios de concentração, nem que dedique momentos especiais à oração ou que "entre em meditação" etc. Tudo isso é bom, mas o que de fato importa é você saber o que realmente quer, e iniciar a busca de seu desejo com toda a força do seu pensamento.

Não perca o foco, concentre-se apenas na contemplação da sua imagem.

Se você deseja efetivamente se tornar rico, direcione o seu pensamento ao objetivo e siga as instruções deste livro até o fim, pois os métodos que eu exporei a partir de agora são para pessoas cujo desejo de enriquecer é suficientemente forte para vencer a preguiça mental e a apatia.

Construa uma imagem mental clara do seu desejo. E se a sua imagem estiver bem construída, seu desejo será maior e quanto maior o desejo, mais fácil de fixá-lo na mente.

No entanto, construir apenas a imagem do seu desejo não torna você um vencedor, mas apenas mais um sonhador.

Você precisa atribuir firmeza de propósito ao seu objetivo se realmente deseja conferir a esse objetivo forma tangível. E ao lado desse objetivo deve haver FÉ invencível e inamovível de que o seu objeto de conquista já está ao alcance de suas mãos.

Viva mentalmente essa realidade, possuindo e utilizando o que deseja, antes mesmo de torná-lo concreto, palpável.

Tome a Atitude Mental de Propriedade de tudo o que se representa na imagem. *Tudo o que pedireis orando, crede que o recebereis e vos será concedido*, disse Jesus.

Não renuncie à fé. Mantenha-se firme no seu propósito.

Lembre-se do foi dito a respeito da gratidão, no capítulo anterior. Seja grato a Deus pelas coisas que já possui e por aquelas que ainda virão.

A pessoa que dá graças a Deus pelas coisas que possui, ainda que seja só na imaginação, tem uma fé verdadeira.

Acredite! Você se tornará rico e conseguirá criar tudo o que deseja.

Não é necessário rezar constantemente, pedir ou recordar a Deus as coisas que deseja o tempo todo.

Não useis vãs repetições, como os gentios, disse Jesus a seus discípulos. ... *Porque vosso Pai sabe das coisas que tendes necessidade, antes que vós as peçais.*

A resposta à oração não está de acordo com a sua fé enquanto fala, senão com sua fé enquanto trabalha.

Você não pode convencer a Deus, dedicando-lhe um sábado em troca daquilo que deseja e se esquecer Dele durante o resto da semana.

Rezar é bom e além do mais tem seus efeitos, sobretudo, em você mesmo, porque clarifica sua visão e fortalece sua fé. Não obstante, são seus pedidos que lhe farão conseguir o que quer.

Sua parte nesse processo de conquista incide no fato de formular de modo inteligente e coerente o desejo das coisas necessárias para uma vida mais plena e endereçar esse Desejo

Completo à Substância Informe, que tem o poder e a vontade para tornar o seu desejo realidade.

Para enriquecer você não precisa de apenas uma hora de oração. Necessita orar continuamente. E orando, refiro-me a visualizar a imagem do que deseja o tempo todo, com o objetivo de dar forma à sua criação, e a fé de que o assim está fazendo. *Crede e o recebereis.*

Tudo isso tem a ver com o fato de receber, uma vez que já formulou sua visão com clareza. Uma vez a imagem formulada, você pode pedir o que desejar, dirigindo-se ao Supremo, em oração respeitosa.

A partir desse momento, na sua mente, deve receber o que está pedindo.

Viva na casa nova, vista roupa elegante, passeie de automóvel e planeje viagens mais agradáveis.

Pense, fale de todas aquelas coisas que já pediu como se já fossem de sua propriedade, reais e presentes.

Imagine-se em um ambiente e em situação financeira exatamente como idealizou e viva todo o tempo nesse ambiente e situação imaginários.

Pense, não obstante, que tudo isto está sendo criado por meio da FÉ, e com o OBJETIVO de realizá-lo.

Lembre-se de que a fé e o objetivo, junto ao uso da imaginação, é o que faz a diferença entre o cientista e o sonhador.

Uma vez aprendido isto, deve aprender o uso devido da Vontade.

Capítulo 9

Como usar a vontade

Para aquisição da riqueza, de forma científica, não se deve concentrar a força da vontade em agentes externos, ou seja, não se obriga outras pessoas a realizarem o que nos cumpre fazer.

É um equívoco coagir pessoas tanto através do poder mental quanto do poder físico.

Obrigar alguém a fazer qualquer coisa para você, mediante força física ou mental é escravizá-lo.

A única diferença é o método.

Se ao tirar algo de alguém pela força é roubar, tirar-lhe mentalmente algo é também considerado roubo.

Em princípio, não há nenhuma diferença.

Você não tem o direito de usar sua vontade sobre o outro, principalmente se for para o próprio benefício.

Você não sabe o que é melhor para essa pessoa.

A ciência de se tornar rico não consiste na concentração de seu poder ou força em outra pessoa.

E mais, qualquer tentativa de usar sua vontade sobre outras pessoas frustrará seu objetivo. Você não necessita projetar sua vontade para conseguir o que deseja, seu desejo virá a você. Fazê-lo significaria coagir Deus, o que é uma tolice e não serviria de nada.

Não tente obrigar Deus ou qualquer deidade a lhe dar o que deseja. Limite-se a usar sua força de vontade na conquista do seu desejo.

Lembre-se que a Substância Pensante é sua aliada e lhe dará o que deseja, de forma natural, espontânea, mais rápido do que você possa imaginar.

Para se tornar rico, você precisa usar somente o seu livre-arbítrio. Persiga o seu objetivo e empregue a força de vontade pensando e fazendo as coisas da maneira certa.

Use sua vontade para pensar e agir, de maneira certa.

Não tente projetar sua vontade, seus pensamentos ou sua mente no espaço para agir sobre coisas ou pessoas.

Mantenha sua mente em sua própria casa. Pode conseguir nesse ambiente mais do que em outro lugar.

Use sua mente para formar uma imagem mental do que deseja e mantenha essa visão com fé e determinação. Use sua vontade para que sua mente funcione corretamente.

Quanto mais firme e contínua seja sua fé, mais rapidamente se tornará rico, porque terá somente ideias POSITIVAS na Substância Pensante e não as neutralizará com ideias negativas.

A imagem dos seus desejos, respaldada por sua fé e determinação, crescerá na Substância Informe e se estenderá a grandes distâncias através do Universo.

À medida que esta imagem se estende tudo se movimenta em direção a essa realização.

Todo ser vivente, todo ser inanimado e as coisas que ainda não foram criadas movem-se para se converterem no que deseja.

Todas as forças seguem nessa direção.

Tudo começa a chegar até você.

Em qualquer lugar, as mentes das pessoas, inconscientemente, vão trabalhar, vão fazer o necessário para que se cumpram os seus desejos. Mas, se você lançar um pensamento negativo à Substância Informe cortará o fluxo de energia e se distanciará do seu objeto de conquista.

A falta de fé e as dúvidas podem afastá-lo do seu desejo, mas a fé e a determinação podem aproximá-lo.

A falta de compreensão desse método é que ocasionou o fracasso de certas pessoas no seu intento de se tornarem ricas.

Incertezas, medos e preocupações significam falta de fé. A cada momento em que sua alma expressa dúvida forma-se uma corrente que se afasta de você no domínio geral da Substância Inteligente. Acredite na sua capacidade. Não desista. Lembre-se de como Jesus foi insistente neste ponto referente à fé.

Você já percebeu que a fé consiste em um instrumental de trabalho importante para aquisição dos seus objetivos, então use essa ferramenta para proteger os seus pensamentos e preste atenção – é aqui que a vontade entra em jogo.

Se quiser ser rico, não se fixe na pobreza. Nada irá adiante, se você pensar em coisas opostas.

Se você almeja boa saúde, não se fixe na doença. Pensar ou falar em doenças não vai te trazer o que ambiciona.

Se você aspira à integridade, à retidão, não se limite a refletir no pecado, essa postura não vai contribuir para o seu crescimento.

A medicina, considerada a ciência da doença, fomenta a doença; a religião, considerada a ciência do pecado, promove o pecado e a economia, enquanto o estudo da pobreza está deixando o mundo na miséria.

Não fale de pobreza.
Não a investigue nem se preocupe com ela.
Não busque as causas.
Não há nada que fazer com relação a isso.
O que interessa para você é a cura.
Volte sua atenção para esse propósito.

Não gaste seu tempo com obras de beneficência, pois a caridade contribui somente para perpetuar a miséria que pretende erradicar. Não quero dizer com isso que eu seja insensível e cruel perante o infortúnio do meu próximo, apenas discordo dos métodos convencionais empregados com o intuito de banir a pobreza no mundo.

Coloque a pobreza em segundo plano, juntamente com tudo o que esteja relacionado a ela, e faça as coisas de modo eficaz.

Enriqueça. É a melhor maneira de ajudar os pobres.

Você não poderá formar uma imagem mental de riqueza, se sua mente estiver repleta de imagens de pobreza.

Não leia livros, nem publicações que se refiram às misérias dos demais, à escravidão das crianças etc.

Não leia nada que preencha sua mente de imagens tristes, que ilustrem carências e sofrimentos. Você não pode ajudar o pobre somente porque lê sobre a pobreza.

O seu conhecimento geral a respeito da pobreza não eximirá os pobres dessa realidade.

O que arrancará os pobres da pobreza não são as imagens de pobreza que formem em sua mente, mas as imagens de riqueza que você vai endereçar às mentes dos pobres.

Quando você repele esse tipo de imagem em sua mente não significa que está abandonando os pobres à própria sorte.

A pobreza pode ser erradicada, mas não por meio de pessoas que pensam na pobreza, embora bem-intencionadas, mas sim por meio de pessoas pobres que alimentam o desejo de se tornarem ricas.

Os pobres não necessitam de caridade. Necessitam de inspiração.

A caridade dá o pão para eles não morrerem de fome ou para se abstraírem da sua situação por um tempo.

Não obstante, a inspiração pode ajudá-los a sair da miséria. Se quiser ajudar os pobres, mostre-lhes que podem se tornar ricos. Faça você mesmo essa experiência, torne-se rico.

A única maneira de acabar definitivamente com a pobreza é aumentar o número de pessoas que pratiquem os ensinamentos deste livro.

E volto a salientar: As pessoas devem aprender a arte de se tornar ricas por meio da criação e não da competição.

Cada vez que uma pessoa se torna rica, por meio da competitividade, ela tira dos demais a oportunidade de ascensão, deixando-os sem opção.

Todavia, cada vez que uma pessoa se torna rica graças à criação, abre-se uma porta não apenas para ela, mas para centenas de pessoas ascenderem também.

Você não será considerada uma pessoa má ou uma pessoa "sem coração" por não ter compaixão da pobreza.

Eu reitero a afirmação: use sua força de vontade para manter sua mente AFASTADA da pobreza, mantendo-a focada em seu objetivo e em sua fé PRÓXIMA à visão do que quer.

Capítulo 10

Outros usos da vontade

Você não poderá sustentar uma visão clara e verdadeira de riqueza, se constantemente pensar em coisas contrárias ao seu propósito, sejam elas externas ou imaginárias.

Não comente a respeito de problemas financeiros passados, nem tampouco pense neles.

Não faça referência à pobreza vivida por seus pais ou família e das dificuldades do passado.

Considere mentalmente apenas a situação atual, a carência de hoje, e a Substância Pensante fará com que todas as coisas se movam em sua direção. *Deixai aos mortos o cuidado de enterrar os seus mortos*, disse Jesus.

Despreze a privação, a pobreza e tudo que tem a ver com ela.

Se você aceitou esta teoria do Universo como verdadeira e está depositando todas suas esperanças e felicidade nesta certeza, quem ganhará, pois, dando credibilidade a teorias contraditórias?

Não leia livros que apregoam que o mundo está prestes a se acabar.

Tampouco compartilhe as ideias pessimistas de certos filósofos que asseveram que os homens estão perpetuamente condenados ao fogo do inferno.

O mundo não caminha em direção ao inferno.

O mundo segue o rumo de Deus. Uma bela transformação.

É certo que existem muitas coisas desagradáveis no mundo, mas para quê se fixar nesses pormenores, que em nada contribuem para a conquista do seu objetivo?

Por que despender tempo com coisas que vão desaparecer graças ao crescimento evolutivo, à medida que você prospera, dando a sua contribuição?

Não se preocupe com a situação, com as condições de vida em alguns países, ou regiões. A fixação nesses quadros mentais somente afastará você das possibilidades de sucesso.

Você deve se interessar unicamente em se tornar rico.

Pense nas riquezas que o mundo herdou, em vez de sua crescente pobreza e tenha presente a ideia de que a única maneira pela qual pode ajudar o mundo a enriquecer é enriquecendo, graças ao **método criativo** e não ao método competitivo.

Centralize sua atenção unicamente na riqueza.

Ignore a pobreza.

Quando pensar ou falar dos pobres, pense e fale deles como aqueles que serão ricos um dia e aos que se lhes felicitarão em vez de ter piedade deles. Eles e outros mais terão a inspiração e começarão a buscar uma saída.

Por mais que eu insista que você deve investir todo o seu tempo e focar sua mente em riquezas, não significa que você seja avaro ou mesquinho.

Tornar-se rico deve ser o objetivo mais nobre em sua vida, porque também inclui tudo o mais.

Mas, tornar-se rico a partir do ponto de vista da competitividade consiste em uma luta inglória, desleal se você visar poder sobre as demais pessoas. Entretanto, quando a mente é criativa, tudo isso muda. Tudo se torna possível na vida, e a aquisição da riqueza também, quando há grandeza de propósito, intenção elevada e desenvolvimento espiritual.

Tudo é possível graças ao uso das coisas. Se sua saúde está frágil e você consegue reforçá-la, verá que se trata de algo primordial para se tornar rico.

Unicamente, os que se libertam dos seus problemas financeiros e os que têm os meios para viver uma existência livre e seguem costumes higiênicos podem ter e conservar a saúde.

A grandeza moral e espiritual somente a terão aqueles que estiverem acima da competitividade para sobreviver. E unicamente os que se tornarem ricos, graças ao plano criativo, se libertarão das influências degradantes da competitividade.

Se seu coração se enche de alegria com pequenas coisas, lembre-se de que o amor cresce mais onde há refinamento, reflexão e onde está livre de más influências. Você o encontrará onde os ricos se ajudam, mediante o exercício do pensamento criativo. Longe de disputas e rivalidade.

Repito: você pode pensar em algo não tão grandioso que torne você uma pessoa rica, contudo deve fixar sua atenção na imagem mental dessa riqueza, excluindo aquelas que podem entorpecer ou obscurecer a sua visão.

Você deve aprender a ver a VERDADE essencial em todas as coisas.

Deve considerar indignas todas as condições aparentemente equivocadas da Grande Única Vida movendo-se até a expressão mais viva, a mais completa felicidade.

A verdade é que não existe nada parecido com a pobreza, mas sim com a riqueza.

Muitas pessoas vivem na pobreza porque ignoram que podem se tornar ricas, então, a melhor forma de lhes ensinar é se colocando como exemplo.

Outras são pobres porque, apesar de saberem que há uma saída, não são capazes de se esforçar mentalmente o suficiente para encontrar esse caminho e seguir por ele. E para elas, o melhor a fazer é despertar-lhes esse desejo ao ensinar a elas que a felicidade se consegue sendo rico.

Outros, ainda, são pobres porque apesar de terem alguma noção da ciência, estão tão saturados e perdidos no labirinto das teorias metafísicas e ocultas, que não sabem qual caminho tomar. Tentam muitos métodos e falham em todos.

Para essas pessoas, uma vez mais, o mais acertado é mostrar-lhes o caminho correto por meio do seu próprio exemplo; e é preferível ensinar que teorizar.

O melhor que você pode fazer pelos outros é ensiná-los a dar o melhor de si em todas as situações da vida.

Pode servir a Deus e às pessoas ajudando-as a ficarem ricas. Quer dizer, se tornarem ricas por meio do método criativo e não por meio da competitividade.

E é justamente o que este livro explica – os princípios da ciência de como se tornar uma pessoa rica. E sendo isso uma verdade, você não precisa recorrer a nenhuma outra obra que elucide o tema.

Talvez essa afirmação pareça algo egoísta, mas considere o seguinte: não existe nenhum outro método de cálculo em matemática que não seja a soma, a subtração, a multiplicação ou a divisão. Partindo desse princípio, não há igualmente outro método possível que faça você enriquecer, a não ser este aqui apresentado.

Existe somente uma forma de se pensar cientificamente e essa forma consiste em pensar objetivamente no caminho que conduz ao objeto de conquista.

Ninguém ainda formulou um sistema tão prático quanto este apresentado aqui. Esqueça os demais sistemas, eles não são importantes para você.

Leia este livro todos os dias. Traga-o consigo. Memorize-o e não pense em outros sistemas ou teorias. Se o fizer, começará a ter dúvidas que irão confundir o seu pensamento e você cometerá falhas.

Depois de se tornar rico, estude quantos métodos lhe aprouver.

Não obstante, até que não esteja seguro de ter ganhado o que deseja não leia outro livro acerca do tema, exceto este, a menos que sejam dos autores mencionados no prólogo. Mesmo assim, leia somente as notícias mais otimistas, aquelas que estejam em harmonia com sua imagem. Igualmente, deixe de lado suas investigações sobre ocultismo.

Não se interesse pela teosofia, pelo espiritismo ou por estudos afins. É muito provável que os mortos ainda vivam e estejam próximos, mas se estão, deixemo-los em paz.

Não se intrometa em assuntos que não lhe dizem respeito.

Estejam onde estiverem os espíritos dos mortos eles têm suas próprias tarefas a fazer e seus próprios problemas a resolver, e não temos nenhum direito de interferir em seu caminho. Não podemos ajudá-los e é muito provável que eles também não possam nos ajudar, então, não temos direito algum em transpassar seu tempo, ainda que isso fosse possível. Deixe os mortos em paz e resolva seus próprios problemas. Faça-se rico. Se você começar a se interessar pelo ocultismo, acabará se confundindo, e perderá o foco, lançando mão de suas esperanças.

Este capítulo e os anteriores nos ensinaram os seguintes princípios fundamentais:

- Há uma Matéria Pensante a partir da qual são feitas todas as coisas e que, no seu estado original impregna, penetra e modela os interespaços do Universo.

- Um pensamento nesta Matéria produz o objeto inicialmente elaborado pela mente pensante.

- O homem pode modelar através do seu pensamento e, em conexão com a Substância Informe, ele pode materializar o seu objeto de desejo.

- Existe uma Substância Pensante de que todas as coisas são feitas e em cujo estado original impregna, penetra e preenche os interespaços do Universo.

- Um pensamento nesta substância produz o que esse pensamento imagina.

- As pessoas podem formar imagens no seu pensamento e ao formar esta impressão na Substância Informe podem criar o que desejam.

- Para fazer isso, é necessário passar de uma mente competitiva para uma mente criativa. Deve-se formar uma clara imagem mental do que se quer e fazer, com fé e determinação, tudo o que se tenha de fazer a cada dia, fazendo cada coisa em separado, de maneira eficaz. Mesmo assim deve cerrar sua mente a todas essas coisas que podem enfraquecer seu objetivo, turvar sua visão ou trair sua fé.

- Por último, deve viver e agir de Certa Maneira.

Capítulo 11

Agir da maneira certa

O pensamento é o poder criativo, ou a força propulsora que cria o poder criativo para agir.

Pensar de certa maneira lhe trará riquezas, mas você não deve confiar exclusivamente no pensamento, também deve se importar com a ação pessoal. Esse é um aspecto que ocasionou o fracasso de alguns filósofos metafísicos no que se refere à interação pensamento e ação.

Todavia, não alcançamos ainda o patamar de desenvolvimento que nos permite criar diretamente da Substância Informe sem a intervenção dos processos naturais ou do trabalho manual.

As pessoas não devem ficar apenas na esfera do pensar, mas empreender ações, complementando seu pensamento.

Com o pensamento pode-se, inclusive, atrair o ouro do interior das montanhas até você.

Não obstante, esse montante de ouro não se extrairá por si mesmo, nem se refinará por si mesmo, nem tão pouco se transformará em moedas rolando até o seu bolso.

Mas, o poder impulsor do Espírito Supremo ordenará que outros extraiam esse ouro por você.

As transações comerciais de outros também vão direcionar o ouro até que finalmente chegue a você. Assim, você deve preparar seus próprios negócios para receber esse ouro.

Seu pensamento trabalha em seu favor, criando coisas animadas e inanimadas, mas sua atividade pessoal deve ser constante para que receba o que realmente deseja.

E esse bem, essa dádiva que chega até você, por meio de terceiros, não deve ser entendida como uma forma de caridade e ou de roubo. Você deve dar a essas pessoas mais em valor de uso, do que em valor monetário.

O uso científico do pensamento consiste em criar uma imagem clara do que se deseja conseguir rapidamente e ter muita fé que o conseguirá.

Não projete seu pensamento em nenhuma forma misteriosa ou oculta, achando que assim as farão por você. Será um equívoco e um esforço inútil que pode te desviar da meta.

O modo de usar o pensamento para se tornar rico está devidamente explicado em capítulos anteriores.

Sua fé e determinação refletidas positivamente na impressão de sua visão na Substância Informe TÊM SEU MESMO DESEJO e essa visão, advinda de você, porá à sua disposição todas as forças criativas que se moverão ATRAVÉS DE SEUS CANAIS DE AÇÃO, mas dirigidas à sua pessoa.

Não depende de você guiar ou supervisionar o processo criativo. Tudo o que tem de fazer é manter sua visão, fixá-la como objetivo e manter sua fé e gratidão.

Deve atuar da maneira certa para que possa apropriar-se do que é seu quando lhe chegar.

Pode ver realmente a verdade de tudo isto. Antes que as coisas cheguem até você, estarão em mãos de outras pessoas que também irão querer algo para si.

Você só poderá conseguir o que é seu, quando der aos demais o que também lhes pertence.

Sua carteira não se transformará em uma espécie de caixa automático, sempre cheia de dinheiro sem esforço nenhum de sua parte.

Encontramo-nos no ponto crucial da ciência de se tornar rico. Uma vez aqui, o pensamento e a ação pessoal combinam-se. Pessoas conscientemente ou inconscientemente, movem as forças criativas mediante a força e a persistência de seus desejos, mas continuam sendo pobres porque não estão preparadas para a recepção das coisas quando lhes chegam.

Por meio do pensamento, o que deseja lhe chegará e mediante a ação o receberá.

Seja qual for sua ação, é óbvio que deve atuar AGORA.

Não se fixe ao passado. É importante para a clareza da sua imagem mental que todo o passado seja apagado de sua mente.

Tampouco pode atuar no futuro, porque o futuro ainda não chegou. E tampouco pode dizer como atuará diante de futuras eventualidades até que a eventualidade não tiver surgido.

Se por ventura neste momento você não se encontra na melhor situação, ou no melhor ambiente, não creia que deva abandonar a ação até que sua situação ou ambiente melhore.

Não se antecipe, pensando em solucionar futuros problemas. Tenha fé em sua habilidade para enfrentar um problema quando ele se apresentar.

Se viver o presente pensando no futuro, sua ação presente estará em uma mente dividida e não será nada produtivo para você.

Empregue toda a sua mente na ação presente.

Não dê impulso criativo à Substância Original deixando as coisas acontecerem livremente.

Não se acomode. Se o fizer, nunca conseguirá nada.

Aja agora.

Deve fazê-lo agora porque logo será tarde demais.

Se você tem a pretensão de receber o que deseja, deve começar agora.

Seja qual for sua ação, deve estar entre as prioridades e deve estar acima das pessoas e das coisas do seu ambiente atual.

Não pode atuar onde não está.

Não pode atuar onde esteve e não pode atuar onde vai estar.

Somente pode atuar onde está.

Não se preocupe com o trabalho de ontem, se foi ou não bem feito. Faça direito o seu trabalho hoje.

Não faça agora o trabalho de amanhã. Logo terá tempo de fazê-lo bem.

Não tente, por meios ocultos ou místicos, atuar em pessoas ou coisas que estão fora do seu alcance.

Não espere que o ambiente mude antes que atue. Mude o ambiente por meio da ação.

Você pode atuar acima do ambiente em que se encontra atualmente e mudar para um ambiente muito melhor.

Tenha fé e determinação na sua própria visão em um ambiente melhor, mas atue sobre o seu ambiente atual com todo coração, com todas as suas forças e toda a sua mente.

Não desperdice o tempo sonhando ou construindo castelos no ar. Formalize a visão do que deseja e atue AGORA.

Não pense em buscar algo novo para fazer, ou uma ação estranha, inusitada ou notável como primeiro passo para se tornar rico.

É provável que suas ações futuras sejam as mesmas que você esteja executando há algum tempo.

Apesar disso, comece agora a pôr em prática as suas ações de maneira certa, e essa iniciativa certamente o fará uma pessoa rica.

Se estiver trabalhando e não estiver seguro de que seja o trabalho mais apropriado para você, não espere encontrar outro melhor para depois agir.

Não desanime. Não se lamente porque se sente deslocado.

Ninguém está assim tão perdido a ponto de não encontrar o lugar certo, e ninguém está tão envolvido no trabalho ou no negócio errado que não consiga encontrar o certo.

Mantenha a visão de você mesmo no que deseja, com determinação e fé, mas atue agora.

Use seu negócio atual como meio para encontrar um melhor, e use seu ambiente atual como meio para melhorar esse ambiente.

Sua visão do que realmente quer, com determinação e fé, colocará a força criativa para movimentar aquilo que você deseja. E sua ação, se efetiva da maneira certa, o levará direto à mudança que deseja.

Se for um empregado assalariado e quiser mudar o rumo de sua vida não "projete" seu pensamento no espaço, confiando que somente isso será o bastante para conseguir outro trabalho. Provavelmente, falhará na tentativa.

Mantenha a visão de si mesmo no trabalho que quer, enquanto ATUA com fé e determinação no trabalho que tem, assim conseguirá o trabalho que deseja.

Sua visão, associada à fé, colocarão em movimento a força criativa que vai levar até você o que deseja, e sua ação fará que as forças do seu próprio ambiente se movam até onde queira.

Para encerrar este capítulo acrescentaremos o seguinte:

- Existe uma Substância Pensante de que todas as coisas são feitas e em cujo estado original impregna, penetra e preenche os interespaços do universo.

- Um pensamento, nesta substância, produz o que esse imagina.

- As pessoas podem formar imagens no seu pensamento e ao formar essa impressão na Substância Informe, podem criar o que desejam.

- *Para fazer isso,* é necessário *passar de uma mente competitiva para uma mente criativa.* Deve-se *formar uma clara imagem mental do que se quer e fazer, com fé e determinação, tudo o que se tenha de fazer a cada dia, fazendo cada coisa em separado, de maneira eficaz.* Mesmo assim deve *cerrar sua mente a todas essas coisas que podem enfraquecer seu objetivo, turvar sua visão ou trair sua fé.*

- Poderá receber o que quiser quando lhe chegue. Deve atuar AGORA sobre as pessoas e as coisas no seu ambiente atual.

Capítulo 12

Ação eficiente

Você deve usar seu pensamento tal qual lhe foi indicado em capítulos anteriores e começar a fazer tudo que puder. Deve fazer TUDO o que é possível a partir de onde estiver. Você somente poderá crescer se destacando na sua ocupação atual. Ninguém crescerá em sua posição profissional atual se não fizer o trabalho que lhe corresponde fazer nessa função. O mundo avançará se as pessoas desempenharem seu trabalho atual.

Se as pessoas não desempenham plenamente o seu trabalho em seus respectivos postos não prosperam, têm pouco a oferecer à sociedade, à indústria, ao governo, ao comércio. Certamente, elas pagarão um alto preço por isso.

O progresso do mundo ficará defasado por culpa daqueles que não desempenharem bem suas tarefas, e serão deslocados naturalmente para uma classe baixa, cuja tendência é a degeneração, pois a evolução de uma sociedade só se faz mediante o desenvolvimento físico e mental dos seus integrantes.

No mundo animal, a evolução é produto do excesso de vida. Quando um organismo tem mais vida de que pode expressar-se em termos de espécie, desenvolve órgãos mais complexos, cria-se uma nova espécie.

Não existiriam novas espécies se não tivessem existido previamente organismos que tivessem feito seu trabalho. A lei é a mesma para você.

Quem se torna rico depende de aplicar a sua riqueza nesse princípio em seus negócios. Cada dia pode ser um sucesso ou um fracasso.

Você terá um dia triunfal quando conseguir o que deseja. Se cada dia for um fracasso, você não se tornará rico jamais. Entretanto, se todos os seus dias forem de sucesso, acabará se tornando rico.

Se tiver algo a fazer hoje e não o fizer, terá fracassado no que se refere a essa ação, e as consequências dessa falta de ação serão mais catastróficas do que você imagina.

Você não pode prever os resultados da ação mais trivial. Desconhece o funcionamento das forças que se movem ao seu redor. Muitas delas dependem dos seus atos mais insignificantes para te conduzirem a oportunidades melhores.

Você não sabe das combinações que a Inteligência Suprema faz para você no mundo das coisas e das coisas relativas aos humanos.

Faça todos os dias TUDO o que tenha de fazer nesse dia.

Não trabalhe demasiado, não faça além do que o seu corpo suporta.

Não faça hoje o que pode fazer amanhã, nem faça o trabalho de uma semana em um dia.

Não se trata da quantidade de coisas que possa fazer, mas da EFICIÊNCIA de cada ação em separado.

Cada ação é em si mesma um sucesso ou um fracasso.

Cada ação ineficaz é um fracasso se você passar sua vida realizando ações ineficazes, sua vida inteira será um fracasso.

Por outro lado, cada ação eficaz é um sucesso em si mesmo e cada ato de sua vida é um sucesso, pelo que sua vida DEVE ser um sucesso.

A causa do fracasso deve-se à maneira ineficaz de se fazer algo.

Veja que se trata de uma sugestão evidente, já que se não praticar ações ineficazes, mas sim ações eficazes, você se tornará rico. Trata-se uma ciência exata, como as matemáticas.

A questão em pauta se restringe a indagar se você pode fazer de cada ato um sucesso em si mesmo. E a resposta é: naturalmente que sim!

Pode fazer de cada ato um sucesso, porque TODO Poder trabalha com você e TODO Poder não pode fracassar.

O Poder está à sua disposição, e para fazer de cada ato um ato eficaz, deve só utilizar o poder.

Cada ação pode ser forte ou débil. É forte quando está atuando da maneira certa, o que o fará rico.

Cada ato pode ser forte e eficaz se mantém sua visão enquanto o faz e põe nele todo o poder da sua FÉ e DETER-MINAÇÃO.

É neste ponto que muitas pessoas fracassam, porque separam o poder mental da ação pessoal. Colocam a mente em um lugar e em um tempo e atuam noutro lugar e em outro tempo. Portanto, seus atos fracassam porque são ineficazes.

Não obstante, se TODO Poder se concentrar em cada ato, por mais trivial que seja, cada ato será um sucesso em si mesmo.

No que diz respeito à natureza das coisas, cada Sucesso abre a porta a outros – seu progresso virá até você mais rápido do que supõe.

Lembre-se que uma ação eficaz é cumulativa em suas consequências. Desde o momento em que o desejo para viver mais é inerente a todas as coisas, quando uma pessoa se encaminha para uma vida mais longa ata-se mais às coisas e a influência do seu desejo se multiplica.

Faça todos os dias tudo o que é possível fazer e pratique cada ato de maneira eficaz.

Ao dizer que você deve manter sua visão enquanto realiza cada ato por insignificante que ele seja, não pretendo dizer que seja necessário pensar continuamente nessa visão e insistir nos detalhes. Pode utilizar seu tempo livre para imaginar os detalhes da sua visão e contemplá-los até que se gravem em sua memória.

Se quiser resultados rápidos, passe todo seu tempo livre nessa prática.

Com uma contemplação continuada obterá a imagem do que deseja, inclusive com pequenos detalhes, firmemente gravada em sua mente e transferida à Substância Informe.

Em suas horas de trabalho, a única coisa que tem a fazer é pensar na imagem para estimular sua fé e determinação e levar a cabo seu melhor esforço.

Contemple sua imagem durante seu tempo livre, até que a consciência esteja tão saturada dessa imagem que possa congelá-la imediatamente. Estará tão entusiasmado que qualquer pensamento a esse respeito atrairá as energias mais fortes do seu ser.

Permita-nos repetir-lhe nossa mensagem mudando ligeiramente algumas coisas, ao chegar a esse ponto.

- Existe uma Substância Pensante da qual todas as coisas são feitas e, em cujo estado original, impregna, penetra e preenche os interespaços do Universo.

- Um pensamento, nessa Substância, produz o que esse pensamento imagina.

- As pessoas podem formar imagens em seu pensamento e, ao formar esta impressão na Substância Informe, podem criar tudo que desejarem.

Capítulo 13

Encontrar o melhor trabalho

O sucesso em qualquer trabalho depende de algo mais do que ter aptidões para esse trabalho. Sem bons dotes para a música, ninguém pode ser professor de música. Sem alguns conhecimentos desenvolvidos de mecânica, ninguém pode ser mecânico. Sem tato e sem as aptidões comerciais, ninguém conseguirá um bom contrato comercial.

Não obstante, possuir algumas aptidões para realizar uma vocação não assegura a ninguém se tornar rico. Há músicos com excelente talento que continuam sendo pobres. Há ferreiros, carpinteiros etc. que têm grande habilidade artesanal, mas que não se tornam ricos. E assim mesmo há comerciantes com aptidões para comerciar que acabam fracassando.

As diferentes aptidões são ferramentas. É essencial ter boas ferramentas, mas também é importante que as ferramentas sejam usadas de maneira certa.

Uma pessoa pode ter uma serra, um esquadro e construir um móvel bonito. Outra pessoa pode ter as mesmas ferramentas e trabalhar o dobro para fazer mais móveis, mas o resultado será um desastre, porque não sabe como usar as ferramentas para elaborar um bom trabalho.

As distintas aptidões da sua mente são as ferramentas com as quais deve realizar o trabalho para se tornar rico, ou seja, você terá um desempenho bem mais efetivo nessa ocupação se estiver equipado com ferramentas mentais. Contudo, há limitações, pois a vocação não pode ser considerada como atributo irrevogável fixado pelas tendências inatas do indivíduo.

Você pode ficar rico em QUALQUER atividade, ainda que não tenha talento pode desenvolvê-lo. Simplesmente tem de conseguir as novas ferramentas, pouco a pouco, em vez de se limitar a usar aquelas com as quais você foi dotado, ao nascer.

Apesar de tudo isso, PODE triunfar em qualquer profissão em que possa desenvolver qualquer talento rudimentar.

Fazer o que gosta é viver de bem com a vida. Não haverá satisfação na vida se formos obrigados a fazer algo que não nos agrade e não pudermos fazer o que gostamos.

O desejo de fazer algo é a prova de que dentro de você tem o poder com o qual poderá fazê-lo.

O desejo é uma manifestação de poder.

O desejo de tocar música é o poder com o qual se pode tocar música buscando expressão e desenvolvimento.

O desejo de inventar uma estratégia mecânica é o talento mecânico para buscar a expressão e o desenvolvimento.

Onde não há poder para fazer algo, seja desenvolvido ou não, não haverá jamais um desejo para fazer esse "algo" e onde há um desejo forte para fazer algo, haverá uma força para realizá-lo. Essa força simplesmente requer ser desenvolvida e aplicada de maneira certa.

Tudo o mais é igual. O melhor é pensar no trabalho para o qual tenha o talento bem desenvolvido.

Apesar disso, se você deseja se dedicar a uma trajetória profissional definida, deve considerar esse trabalho como o que espera definitivamente.

Pode fazer o que desejar. É seu direito e privilégio encontrar o ramo de atividade que mais lhe agrade e no que mais confortavelmente se encontre.

Não é obrigado a fazer algo que não goste e não deveria fazê-lo, a não ser que este o leve até o que, na verdade, deseja fazer.

Se há erros no passado, cujas consequências o levaram a um trabalho ou a um ambiente desagradável, ficará obrigado, durante um tempo pelo menos, a fazer o que não gosta de fazer.

Contudo, pode tentar que seja mais suportável, sabendo que finalmente fará o que de fato quer fazer.

Se acreditar não estar exercendo sua verdadeira vocação, não procure atuar apressadamente, a fim de mudar o quanto antes possível. Geralmente, o melhor caminho de mudar de trabalho ou de ambiente é durante o crescimento.

Não receie mudar radicalmente se a oportunidade se lhe apresentar e pense detidamente se é a melhor oportunidade. Pelo contrário, não tome nenhuma decisão precipitada, quando tenha algum tipo de dúvida.

No plano criativo, não existe pressa e nem a carência de oportunidades.

Quando deixar de lado a competitividade, entenderá que nunca deve agir com pressa. Ninguém vai levá-lo até onde você queira chegar. Só você.

Se uma porta se fechar, outra melhor se abrirá, é só uma questão de tempo.

Se tiver dúvidas, espere. Volte a contemplar sua visão e incremente sua fé e determinação.

Quando tiver dúvidas ou estiver indeciso, pense na gratidão.

Se passar um ou dois dias contemplando sua visão do que deseja e der graças por consegui-lo, ajudará sua mente a ter uma relação mais estreita com o Supremo e o ajudará a não errar.

Existe uma mente que sabe tudo o que é para saber, e você pode até manter uma estreita relação com ela graças à sua fé e determinação, se, de verdade, sente gratidão.

Os erros cometem-se pela pressa, ou por agir com medo ou dúvidas, ou por esquecer o Verdadeiro Motivo.

Enquanto agir de maneira certa, as oportunidades serão maiores, mas necessitará crer fervorosamente em sua fé e determinação e se manter ligado a Toda Mente com gratidão reverente.

Faça tudo o que pode fazer; o melhor que puder, dia a dia e faça-o sem pressa, preocupação ou medo. Vá o mais rápido que puder, mas sem pressa.

Lembre-se de que no momento em que começa a ter pressa, você deixa de ser um criador e passa a ser um competidor, retornando ao plano anterior.

Quando começar com pressa, faça uma pausa no caminho.

Ponha sua atenção no seu objeto de desejo, em sua imagem mental e comece a dar graças por consegui-lo.

A prática da GRATIDÃO não consumirá a sua fé, pelo contrário, renovará sua determinação.

Capítulo 14

A impressão do incremento

Mudando ou não de profissão, suas ações do presente devem estar em sintonia com o trabalho que realiza desde que você faça seu trabalho de maneira certa.

Para entrar em um negócio você tem de tratar com certas pessoas, seja de forma presencial ou indireta. Para isso, deve saber que o segredo está em saber transmitir-lhes a impressão de prosperidade.

O desejo de prosperar é algo que toda pessoa busca. É o impulso da Inteligência Informe que atua sobre a pessoa na busca de uma expressão mais clara.

O desejo de prosperar é inerente a toda natureza. Trata-se do impulso fundamental do Universo.

Todas as atividades do ser humano estão baseadas no desejo de prosperidade.

As pessoas procuram por mais comida, mais roupa, uma moradia melhor, mais luxo, mais beleza, mais conhecimento, mais prazer. Mais crescimento de algo, mais vida.

Cada ser vivente tem essa necessidade do contínuo avanço. Onde cessa o incremento de vida, a morte e a dissolução aparecem.

O homem sabe disso e por isso sempre busca mais. Esta lei da prosperidade perpétua foi dita por Jesus na Parábola dos Talentos: ... *Porque a todos os que têm, lhes será dado e sobrará; mas àqueles que não têm se ainda tiverem lhes será tirado.*

O desejo natural de enriquecer não pode ser considerado algo ruim ou repreensível. Trata-se simplesmente de uma aspiração, de um desejo por uma vida mais farta, mais abundante.

Crescer, prosperar, querer mais faz parte do instinto mais básico da natureza humana, e todos os que se sentem atraídos por esse desejo sabem que podem proporcionar-lhes meios mais adequados, confortáveis de vida.

À medida que seguir o caminho da maneira certa, tal qual foi descrito nas páginas anteriores, você que é um centro criativo, irá crescer interiormente e esse crescimento se refletirá aos demais.

Esteja seguro disso, seja um facilitador e transmita a segurança deste fato a qualquer homem, mulher ou criança com quem se relacione.

Não importa o quanto lhes transmita, o importante é que algo seja transmitido, ofertado, desde que se pense na prosperidade e se assegure que o receptor fique impressionado com a ideia.

Transmita sempre a ideia de prosperidade em tudo o que fizer, e todos ao seu redor terão a impressão de que você é uma Pessoa Próspera e será capaz de ajudar todos que estiverem ao seu lado a progredirem com você, inclusive aqueles que não possuem vínculos de trabalho com você.

A ideia de progresso deve estar em evidência sempre que você estabelecer contato com as pessoas, independentemente de você vender-lhes algo ou não.

Transmita às pessoas a fé inabalável que deposita no Caminho da Prosperidade, e permita que esta fé inspire, preencha e impregne toda ação.

Não importa o que você faça, mas faça-o com a convicção de que é uma pessoa próspera e que está ajudando os demais a prosperarem também.

Pense que está enriquecendo, e ajudar outras pessoas a também enriquecer traz sensação de bem-estar e beneficia a todos. Não se considere o melhor ou o mais bem-sucedido. A verdadeira fé nunca é presunçosa.

Pessoas que muito ostentam ou se autopromovem com frequência são pessoas inseguras, duvidosas. Simplesmente sinta a fé e deixe que ela flua em qualquer transação que você empreender.

Permita que cada ação, palavra ou olhar expresse sua convicção de se tornar rico, de que já é rico. As palavras não serão necessárias para comunicar esse sentimento aos demais, que sentirão essa energia de prosperidade na sua presença e se sentirão atraídos pelo seu espírito altruísta de pessoa bem-sucedida.

O seu desejo e a sua vontade em se tornar rico certamente vão convencer os demais que serão contagiados pelo ímpeto de também crescer, prosperar. Sinta-se orgulhoso de transmitir esse sentimento de altruísmo às pessoas, e o Supremo, que concede prosperidade a tudo e a todos, fará com que essas pessoas que não o conhecem cheguem até você. Seus negócios aumentarão rapidamente e você irá se surpreender com os benefícios inesperados que receberá. Você será capaz, dia após dia, de ampliar seus negócios, fazer outras transações comerciais, até de assumir outra profissão se quiser.

Mas, lembre-se: não se abstraia da imagem do seu objeto de conquista, de sua fé e determinação para conseguir o que quer.

Permita-me algumas recomendações:

Tenha o cuidado com a insidiosa tentação de exercer poder sobre os demais.

Nada é tão prazeroso para uma mente sem formação ou parcialmente desenvolvida como o exercício do poder ou domínio sobre os demais. *O desejo de dirigir, por prazer egoísta, foi a desgraça do mundo.*

Em épocas remotas, reis e nobres inundaram a Terra com sangue e ódio, a fim de estender seus domínios, não para garantir mais vida para todos, mas sim pelo desejo de ter o poder em suas mãos.

Na atualidade, o que faz mover o mundo da indústria e do negócio é a ânsia pelo poder. Grandes empresários e políticos, inspirados pelo direito de dominar, desperdiçam grandes somas de dinheiro, destroem vidas e o coração de milhões de pessoas, em sua insana busca de fazer valer a sua vontade.

Fuja do impulso de querer dominar as pessoas, o mundo.

Não queira se converter em "Mestre", aquele que direciona o "rebanho", porque se considera acima dos demais.

Não pretenda ter a última palavra sempre, pois quem tiraniza demonstra competitividade e não criatividade.

Para dominar seu ambiente e seu destino, você não precisa dominar seus companheiros. Se o fizer você sucumbirá.

Para conseguir o que deseja você não precisa tripudiar.

Se ambicionar os altos cargos de forma competitiva, sucumbirá pelo próprio destino e o seu desejo de se tornar rico se converterá em assunto de azar e especulação.

Tenha cuidado com a mente competitiva. Não existe melhor princípio sobre a ação criativa do que a "Regra de Ouro" de Jones de Toledo: *O que quero para mim quero-o para cada um.*

Capítulo 15

A pessoa próspera

O que expliquei nos capítulos anteriores é dirigido tanto a homens e mulheres de negócios quanto a assalariados e pessoas em geral relacionadas com o mundo mercantil.

Não importa se você é médico, professor ou clérigo, mas se puder ajudar a melhorar a vida das pessoas, lhes trazendo prosperidade você se tornará rico.

Para um médico ou qualquer profissional da saúde seguir os ensinamentos deste livro é mais fácil considerando-se o princípio da cura, que pode ser alcançada por todos que a procuram.

A Pessoa Próspera em medicina é aquela que consegue imaginar-se tal qual uma vencedora e que obedece às leis da fé, da determinação e da gratidão, e desse modo vai curar qualquer caso curável que trate sem se importar com os meios que utilize.

No campo da religião, o mundo clama por um clérigo que possa ensinar aos seus discípulos a verdadeira ciência da vida abundante. Ele, que domina os detalhes da ciência de se tornar rico, juntamente com as ciências aliadas da boa saúde, da força e do amor sempre terá fiéis dispostos a ouvi-lo. Este é o evangelho de que o mundo precisa – aquele que aumentará a vida de prosperidade para todos. Contudo, estes ensinamentos apregoados pelo clérigo devem ser aplicados na vida prática, fora do púlpito, pois os fiéis precisam de um pastor que dê uma demonstração da ciência da vida no exercício da profissão de pastor. Os seguidores querem um pregador que não diga somente como, mas que ensine esse "como".

Eles necessitam de pregadores ricos, saudáveis, fortes e amados para que ensinem como conseguir essas coisas, e certamente quando esses pregadores chegarem, eles encontrarão um número considerável de seguidores fiéis.

Assim também o será com o professor que inspira seus alunos com a fé e firmeza de propósito em uma vida próspera, repleta de oportunidades. Ele nunca ficará ultrapassado.

Qualquer professor que tenha essa fé e determinação poderá transmiti-la aos alunos. Porém, não poderá transmitir-lhes esses valores se eles não estiverem intrínsecos em sua própria vida.

O que é verdade para o professor, para o pregador e o médico, também é verdade para o advogado, para o dentista, o estadista, o agente de seguros, enfim para todo mundo.

A combinação entre a ação mental e a ação pessoal que descrevi é infalível. Cada homem e mulher que siga estas instruções literalmente e com perseverança se tornará rico.

A lei da Prosperidade da Vida é matematicamente tão certa em sua ação, quanto a lei da gravidade.

Enriquecer é uma ciência exata.

O assalariado verá que isso é tão real para ele quanto o é para qualquer profissional acima mencionado.

Não pense que você não possa se tornar rico porque está trabalhando onde não há oportunidade visível de progresso, onde os salários são baixos e o custo de vida alto.

Imprima uma imagem clara do que deseja e comece a atuar com fé e determinação.

Faça todo trabalho que puder, todos os dias, e faça esse trabalho de modo eficiente.

Aplique a força do sucesso e a determinação a fim de se tornar rico em tudo que faça.

Não obstante, não o faça com a simples ideia de ganhar favores do seu superior, esperando que ele ou os que estejam acima de você vejam seu bom trabalho e o promovam. É pouco provável que o façam.

A pessoa que simplesmente é "boa" trabalhadora, que desempenha seu labor com a melhor habilidade possível e está satisfeita com ele, é valiosa para seu superior, mas a ele não interessará promovê-la. É mais valiosa no posto em que está.

Para subir de cargo se necessita algo mais do que ser muito bom nas suas tarefas.

A pessoa que ascende é aquela que é demasiada boa para seu posto, a que tem um claro conceito do que quer ser e que está decidida a SER o que quer ser.

Não desempenhe seu trabalho simplesmente para agradar seu superior. Faça-o com a ideia de superar a você mesmo.

Foque no seu objetivo o tempo todo.

Mantenha a fé e a determinação em prosperar de tal forma que todos os que se relacionarem com você, seus superiores, companheiros de trabalho ou conhecidos, percebam a sua vontade de crescer irradiando e se sintam atraídos por essa emanação. Você verá que logo terá a oportunidade de conseguir outro trabalho.

Existe um Poder que sempre brinda com uma oportunidade a Pessoa Próspera que obedece à lei.

Deus não vai deixar de ajudá-lo se age da maneira certa. Você deve fazê-lo para ajudar a Si mesmo.

Não há impedimentos no seu processo de crescimento. Se você não pode se tornar rico trabalhando no segmento industrial, pode enriquecer atuando na área agropecuária, e se começar a se movimentar da maneira certa, conseguirá escapar das "garras" da indústria e progredirá no ramo agropecuário ou onde quer que você deseje estar.

Se alguns milhares de empregados da indústria empreendessem o caminho da maneira certa, a indústria entraria em crise. Teria de dar aos seus trabalhadores mais oportunidades ou fechar as portas.

Ninguém tem de trabalhar para uma empresa. As empresas podem ter seus empregados em condições desesperadoras, enquanto existam trabalhadores que ignorem a ciência de se tornar rico, ou eles sejam demasiadamente "preguiçosos" intelectualmente para pô-la em prática.

Comece a pensar e atuar da maneira certa e sua fé e a determinação o farão ver oportunidade de melhoria em sua vida. Não espere que a oportunidade seja exatamente aquela que você deseja.

Quando uma oportunidade se apresentar e você se sentir atraído por ela, não a despreze, pois ela representa o primeiro passo para uma oportunidade melhor.

Para uma pessoa de vida próspera o Universo é generoso em oportunidades.

É inerente ao Cosmos que tudo e todos trabalhem juntos para gerar progresso e o bem geral. E você que faz parte do

Universo; que atua e pensa da maneira certa, e também quer que os demais sejam prósperos, certamente se tornará rico. Portanto, permita que qualquer pessoa, homem ou mulher, estude este livro detalhadamente e entre com confiança na proposta de ação que o livro prescreve. Não falhará!

Capítulo 16

Algumas advertências e observações finais

Muitas pessoas que consideram as reservas de riquezas do planeta limitadas não aceitam a ideia de que exista uma ciência para se tornar rico.

Mas isso não é verdade.

Os governos atuais apenas mantêm as massas na pobreza, porque o povo não pensa nem atua da maneira certa.

Se o povo começasse a exercer os ensinamentos deste livro, nenhum governo ou sistema industrial poderia detê-lo nesse ímpeto em direção ao progresso.

Se as pessoas tivessem a Mente Próspera e a Fé que podem ficar ricas e se movessem com o firme propósito de enriquecer, nada as manteria na pobreza.

Quanto mais pessoas se enriqueçam no plano competitivo, pior para os demais.

Quantas mais se enriqueçam no plano criativo, tanto melhor para os demais.

A salvação econômica das massas somente se fará quando grande número de pessoas praticarem o método científico sugerido neste livro e se tornarem ricas. Estas pessoas apontarão o caminho aos outros e os inspirarão com clareza de propósito, e a fé de que podem alcançar e a determinação para consegui-lo.

O que realmente importa para você é saber que nem o governo, nem o sistema capitalista ou competitivo da indústria podem impedi-lo de enriquecer. Quando você entra no plano criativo do pensamento, você se coloca acima de todas essas coisas e se converte em um cidadão de outro nível.

O seu pensamento deve permanecer no plano criativo, mas, se por ventura você se sentir traído pelos padrões convencionais de pensamento, lembre-se que uma mente competitiva não coaduna com a Mente Suprema.

Não desperdice seu tempo tentando solucionar problemas futuros, com exceção dos casos que possam afetar seu presente.

Faça o seu trabalho que lhe compete fazer hoje com eficiência e não pense em problemas que possam surgir amanhã ou talvez nem aconteçam.

Não se preocupe em superar obstáculos que venham ameaçar o seu desenvolvimento profissional, a menos que consiga evitá-los hoje. Por mais difícil que pareça superar um obstáculo que surge a distância, verá que se você agir da maneira certa, este obstáculo desaparecerá à medida que se acercar dele.

Nada pode deter uma pessoa que queira enriquecer de maneira estritamente científica.

Toda pessoa que obedecer a essa será bem-sucedida e se tornará rica. É como multiplicar duas vezes dois, sempre dará quatro.

Então, não pense em obstáculos ou circunstâncias desastrosas que possam desviar a prosperidade do seu caminho.

Pense positivo – se o contratempo surgir, com ele virão os meios para superá-los.

Fale pouco de si, de seus problemas, de forma desanimadora.

Jamais admita a possibilidade do fracasso.

Seja altruísta.

Jamais se refira ao presente como "tempos difíceis".

Os tempos podem estar difíceis e os negócios oscilando, mas somente para os que estão no plano competitivo, mas não para você que tem a liberdade de criar porque está acima de qualquer expectativa de fracasso.

Enquanto alguns atravessam tempos difíceis e trabalhos insignificantes, você é agraciado de oportunidades.

Se assim é, comece a pensar e a considerar o mundo como algo que está se transformando, e aquilo que parece ruim como algo em vias de transformação.

Pense e fale sempre de forma positiva. Do contrário, significaria negar a sua fé, e negar sua fé significaria perdê-la.

Jamais permita se sentir decepcionado. Ao colocar certa expectativa em algo que não se concretiza, pode parecer para você naquele momento um fracasso. Mas, se você tiver fé, e agir da maneira certa verá que seu fracasso é somente aparente.

Muitas pessoas a todo instante estão se desiludindo, se sentindo fracassadas em suas tentativas de investimentos, e negociações, acreditando-se envolvidas por forças ocultas que estariam trabalhando em favor de sua ruína. Mas, para a mente criativa que continua a agradecer, a suposta derrota não representa o fim, mas um meio de se conseguir novas oportunidades ainda melhores que as anteriores.

Por isso, manter a fé, a determinação, a gratidão e fazer todos os dias tudo o que for possível fazer naquele dia, e cada coisa no seu tempo vai garantir o seu sucesso.

Quando você falha é porque não houve clareza de propósito. Siga adiante e conseguirá algo muito melhor.

Lembre-se disto. Você não vai fracassar por sua falta de talento para fazer o que deseja fazer.

Se você seguir as orientações deste livro, da maneira como foi indicado aqui, desenvolverá todo o talento necessário para a execução do seu trabalho.

Este livro não trata da ciência do ensino do talento, mas é tão certo e simples como o processo de se fazer rico.

Entretanto, não duvide que não tenha habilidades para ocupar determinado posto ou conseguir algo. Prossiga e assim que estiver vivendo a situação, a habilidade acabará chegando a você.

A mesma fonte de Habilidade que permitiu a Lincoln, conduzir o maior trabalho de um governo jamais feito por um único homem, está aberta para você.

Você pode preencher sua mente com toda sabedoria que há e usá-la no momento que for necessário. Tenha fé.

Estude este livro. Faça dele seu companheiro até que domine todas as ideias nele contidas. E quando você estiver verdadeiramente sedimentado nessa fé você se afastará das ideias que esbarram com as deste livro.

Não leia literatura pessimista ou contraditória ou investigue sobre o tema.

Não leia nada, a menos que seja dos autores que estão mencionados no prólogo.

Empregue o seu tempo livre contemplando a imagem do seu objeto de desejo, alimentando gratidão e lendo este livro. Este livro contém tudo o que você precisa saber acerca da ciência de se tornar rico. No capítulo seguinte você encontrará um resumo de todos os fundamentos.

Capítulo 17

Conclusão

Existe uma Substância Pensante de que todas as coisas são feitas e em cujo estado original, impregna, penetra e preenche os interespaços do Universo.

Um pensamento, nesta substância, produz o que esse pensamento imagina.

As pessoas podem formar imagens no seu pensamento e ao formar esta impressão na Substância Pensante, podem criar o que desejam.

Para que você seja bem-sucedido é necessário passar de uma mente competitiva a uma mente criativa. Do contrário, não estará em harmonia com a Inteligência Informe, que sempre é criativa e nunca competitiva em espírito.

As pessoas viverão em harmonia absoluta com a Substância Informe ao receber esta gratidão sincera pela bênção que se lhes outorgou.

A gratidão unifica a mente do indivíduo com a inteligência da Substância, de modo que os pensamentos desse indivíduo podem ser recebidos pela Substância Informe.

O indivíduo só pode permanecer no plano criativo se unificar o mesmo com a Inteligência Informe em contínuo e profundo sentimento de gratidão.

Quem quer pedir algo deve formar uma imagem mental clara do que deseja e deve manter esta imagem mental no seu pensamento, enquanto isso estará profundamente agradecido ao Supremo de que tudo o que deseja se lhe será outorgado.

Quem quer se tornar rico deve passar todo o seu tempo livre contemplando sua visão e dando graças porque suas expectativas vão se cumprir.

Não há necessidade de se estressar pensando e contemplando a imagem mental, acompanhada de fé inamovível e gratidão devota.

Este é o processo mediante o qual se grava a impressão na Substância Pensante e as forças criativas se põem a funcionar.

A energia criativa trabalha através dos canais estabelecidos do crescimento natural e da ordem social e industrial.

O que se inclui nesta imagem mental se tornará realidade para quem seguir as instruções anteriormente mencionadas e para quem não duvide da sua fé.

Para receber o que deseja você tem de estar ativo e esta atividade consiste em algo mais que desempenhar sua atividade na profissão atual.

Deve-se ter em mente a Determinação de se tornar rico mediante a realização da sua imagem mental. Além do que, dia a dia, deve-se fazer tudo o que tenha a fazer nesse dia, tratando de realizar cada tarefa da melhor maneira possível.

Todas as pessoas que colocarem em prática as instruções aqui apresentadas se tornarão ricas e as riquezas recebidas serão diretamente proporcionais à definição da imagem, ao grau de determinação, à sua fé e à sua profunda gratidão.